무명한 자 같으나 유명한
# 존 넬슨 다비 傳記

# Unknown and Well Known
*a biography of*
**John Nelson Darby**

Compiled from reliable sources
chiefly by
W G TURNER

Edited by E N CROSS

Author of 'The Irish Saint and Scholar,
a biography of William Kelly'

CHAPTER TWO

LONDON

국립중앙도서관 출판예정도서목록(CIP)

(무명한 자 같으나 유명한) 존 넬슨 다비 傳記 / 지은이: 윌리암 터너, 에드윈 크로스 ; 옮긴이: 이종수. -- [서울] : 형제들의집, 2017
   p. ;   cm

원표제: Unknown and well known : a biography of John Nelson Darby
원저자명: William George Turner, Edwin Norman Cross
권말부록: 다비의 질병과 죽음에 관련한 서신들 등
참고문헌 수록
영어 원작을 한국어로 번역
ISBN 978-89-93141-93-1 03230 : ₩12000

기독교 전기[基督敎傳記]

230.99-KDC6
230.092-DDC23                           CIP2017023548

무명한 자 같으나 유명한
# 존 넬슨 다비 傳記

윌리암 터너, 에드윈 크로스 지음 ｜ 이종수 옮김

형제들의 집

차 례

편집자 서문 ............................................................ 8

서문 ....................................................................... 11

제 1장 소개의 글 .................................................... 13

제 2장 생애초기-학창시절-대학교-성직자 ............... 21

제 3장 왕성한 수고 ................................................. 37

제 4장 친구와 동역자 .............................................. 54

제 5장 다비의 인품과 그가 고수했던 원칙들 .......... 68

제 6장 다비에 대한 기억들 ..................................... 84

제 7장 저자로서 존 넬슨 다비 ................................ 103

제 8장 삶과 영향력 ................................................. 122

제 9장 마지막 날들 ................................................. 133

제 10장 1882년 5월 2일 ........................................ 150

부록 1. 다비의 질병과 죽음에 관련한 서신들......... 169
부록 2. 다비의 유언장......... 174
부록 3. 다비에 대한 다양한 추억과 평가......... 175
부록 4. 찬송가 작가로서 존 넬슨 다비......... 184
부록 5. 다비의 성경번역 작업......... 192
부록 6. 케리의 목자 소년 이야기......... 209
부록 7. JN다비와 JH뉴먼 비교......... 216
참고 문헌......... 217

## 편집자 서문 Publisher's Note

이처럼 흥미로운 존 넬슨 다비의 전기를 출판하는 일에서 기쁨을 느낀다. 이 책은, 윌리암 조지 터너(William George Turner1))의 요청에 의해서 1901년 처음으로 출판되었는데2), 다비와 가장 가까운 우정을 나누었던 윌리암 켈리(William Kelly(1821-1906)가 감수했다. 이런 이유 때문에 우리는 이 책을, 다비가 가르치고 설교하던 시초부터 기독교계에 어마어마한 영향력을 끼친 다비의 생애에 대한 가장 권위 있는 자료로 생각할 수 있다. 존 넬슨 다비의 전기를 다룬 이 책의 제목을 저 위대한 사도 바울이 말한 "무명한 자 같으나 유명한 자"라는 구절로부터 가져온 것은 지극히 당연하다고 할 수 있다. 다비에 대해서 모르는 사람들이 많긴 하지만, 그의 사역은 복음주의 기독교 세계에 어마어마한 영향을 미쳤으며, 특히 북미지역에 미친 영향력은 이루 말할 수 없을 정도이다. 그 결과 수백만 권에 달하는 성경의 예언을 주제로 한 책들이 팔렸다. 이 책들은 휴거와 그리스도의 천년 지상 통치에 대한 다비의 가르침들을 담고 있다. 그가 미친 영향력은 종교의 세계를 넘어서고 있다. 그 결과로 몇몇 강대국들은 외교정책에 있어서 이스라엘과 유대인들에 대한 우호적인 입장을 표명하고 있다는 사실을 우리는 주목해야 한다. 심지어 비기

---

1) 윌리암 조지 터너는 1955년 8월 31일 소천했고, 켄트시 웨이드에 있는 세인트 니콜라스 성당에 안장되었다.

2) "존 넬슨 다비의 생애와 사역에 대한 간략한 스케치", 토마스 웨스턴, 런던.

독교 작가들 가운데에는 미국이 이스라엘에 대해서 관심을 가지는 이유가 존 넬슨 다비라는 사람에게서 연원하고 있다3)는 말을 하기도 했다. 많은 사람들이 다비를 모르는 것이 사실일지라도, 참된 그리스도인이라면 우리의 영적 유익을 위해서 그처럼 경건하고 학식 있는 헌신의 본이 되는 사람을 주신 그리스도께 감사해야 마땅하다고 본다.

물론 이 작은 책에서, 한 사람의 생애를 총망라할 만한 완전한 전기를 기대할 수는 없지만, 그럼에도 이 안에 담긴 내용들은 존 넬슨 다비의 생애와 사역에 대한 유용한 입문서 역할을 톡톡히 할 수 있을 것이다. 다비의 생애에 대한 간략한 내용들이지만, 이 책을 읽으면서 독자는 주 예수 그리스도를 더욱 신실하게 섬기고픈 도전과 자극을 받을 것이라고 믿어 의심치 않는다. 다비와 그 외의 형제단 Brethren에 속한 동료 그리스도인들은 오직 그분만을 영화롭게 하고자 하는 일념으로 자신의 삶을 다 바쳤기 때문이다.

이 개정판은 이전 터너의 전기보다 유용한 내용들을 첨부했으며,

---

3) 1996년 10월 16일자 Jewish Chronicle, 2002년 7월호 Time Magazine, 2002년 9월호 프랑스 월간 신문 Le Monde, 2003년 5월 24일자 Newsweek, 그리고 2004년 4월 24일 The Daily Telegraph를 보라.

괄호 안에 날짜를 써넣거나 또는 본래 그의 글임을 가리키는 각주를 첨부한 것 외엔 윌리엄 터너의 글은 고치지 않고 그대로 실었다. 독자들을 배려해서 필요가 있을 때에는 각주를 따로 표기했다. 이 책의 10장부터 마지막까지는 나 자신이 편집한 것이다. 초판이 1901년 출판되었으며, 터너가 표기한 그 당시의 연대가 그대로 실려 있음을 주지하기 바란다.

에드윈 크로스 E N Cross,
벡슬레이히쓰, 켄트
2006년 1월

## 서문 Preface

"이처럼 헌신된 삶을 통해서, 그가 열정적으로 섬기고 (말씀으로) 먹이고자 애쓴 것은 하나님의 전체 교회였다. 그 날이 이를 때까지 이 목적을 위해서 그가 치렀던 대가가 무엇인지 알 수 없을 것이다."

"다비의 영혼 속에 자리 잡은 최고의 존재는 그리스도였고, 자신과 관계된 모든 일에서 그리스도의 관심이 그의 최고의 관심사였다. 우리가 알고 있듯이, 그리스도의 관심사만이 그의 마음을 지배했고, 그가 행한 모든 일의 원동력이었다. 따라서 하늘의 부르심을 받을 때에도, 그는 〈**그리스도께서 내 삶에 유일한 목적이었습니다. 내게 사는 것이 그리스도였습니다.**〉라고 고백할 수 있었다."

이상의 글들은 1883년 다비가 작사한 신령한 노래들 Spiritual Songs 에 대한 서문에서 인용한 것이다. 이 책의 특징을 잘 대변해주고 있다고 생각한다. 주께서 독자들의 영혼에 선(善)을 이루시도록 은혜롭게 이 책을 사용해주시길 빈다.

윌리암 터너 W G Turner

# 제1장
## 소개의 글

"존 넬슨 다비John Nelson Darby, 1800-1882년. 영국인 성직자." 성직자 사전에 나오는 J. N. 다비에 대한 이처럼 간결한 묘사는 영국 안팎의 기독교 사회에 엄청난 변화를 일으킨 인물을 독자들에게 알리는 데에는 미흡하기 짝이 없다. 다비의 삶과 수고를 통해서 직접적으로 또는 간접적으로 영적인 영향을 받은 수백만 명의 사람들이 있지만, 그 가운데서 다비에 대해서 분명한 설명을 하고 있는 사람은 아주 극소수이다. 그 가운데에는 프랜시스 뉴먼 교수Professor Francis Newman가 있는데, 그는 자신의 자서전 가운데 「믿음의 단계들Phases of Faith」이라는 부분에서, 다비를 "나에게 급작스럽게도 엄청난 감동을 선사한, 가장 탁월한 사람"으로 소개하고 있다.

한 옥스퍼드 사람은 자신의 생애 동안 많은 논쟁으로 둘러싸였던 다비를 일컬어 '이 시대의 터툴리안'이라고 불렀다.

터툴리안Tertullian은 2세기 후반 리롱의 감독이었던 이레니우스와 동시대 사람으로, 이레니우스보다는 어렸다. 터툴리안은 그 시대 기독교 변증가이자, 또한 탁월한 논쟁가로서, "순교자들의 피는 교회의 씨앗"이란 말을 남겼다. 영국인명사전은 다비를 기술하면서 터툴리안과 같은 특징을 가진 사람으로 묘사했다. 이것은 실수이다. 왜냐하면 다비가 쓴 많은 기독교 변증의 글들이 외형상 그렇게 보이기는 하지만, 논쟁이 그의 주요 목적은 아니었기 때문이다. 물론 다비는 종종 논쟁에 가담했다. 처음엔 성공회 주교와, 그 다음엔 대주교와, 그리고 나선 흠정역 서문에 보면 제임스 왕에게 드려진 헌사에서 적절하면서 재치있게 설명하고 있는 '자만에 차서 자기들의 길만을 고집하는 형제들, 즉 자기들이 직접 틀을 세우거나 만든 것이 아니면 그 어떤 것도 좋아하지 않는' 그런 형제들과 자주 논쟁을 했다.

인류역사 가운데 일어난 모든 운동마다 인간 지도자가 존재했고, 그 시대가 그러한 영웅을 필요로 한 것이 사실이듯이, 한 미국의 작가가 「하나님의 운동A Divine Movement」이라고 불렀던 운동이 19세기의 초엽에 시작되었던 때가 그러했다. 이 운동의 주역은 「형제단 또는 브레드린Brethren」으로 불리고 있으며, 흔히 「플리머스 형제단 Plymouth Brethren」으로 세상에 알려졌다. 이 플리머스 형제단 교회는 생생하고 강력하고 인간미 넘치는 지도자를 두고 있었는데, 그는 한 사람이 할 수 있는 한 최선을 다해, 하나님이 주신 사명에 헌신했고, 목청을 높였으며, 하나님의 운동을 확장시켰다. 그 사람을 소개하는 것이 이 책의 목적이다. 그는 반세기 동안 강력하고 지칠 줄 모르는 섬김을 통해서, 그 당시 기독교계가 무시하고 있는 모든 성경의 진리를 부지런히 가르치고 실천하면서, 평안의 매는 줄로 성령의 하나 되게 하신 것을 끈기 있게 지키는 것을 그리스도의 모든 지체들이 가진 의무이자 특권으로 여기도록 했다(엡 4:3).

조지아 시대 영어권 지역의 기독교계의 상황이 어떠했는지는 그 시대를 연구하는 사람이라면 누구라도 잘 알 것이다. 그 시대는 존 웨슬리 형제와 조지 화이트필드의 지도 아래 일어난 복음주의 부흥의 섬광이 없었다면, 그저 암울하기만한 그림을 제시해줄 뿐이다. 하지만 1800년에 19세기의 가장 놀라운 인물 중 두 사람이 태어났다. 설교자와 신학자와 성직자들로 가득했던 이 19세기는, 그 시기의 소위 종교계에 정통한 모든 이들에 의하면, 에드워드 보베리 퓨지Edward Bouverie Pusey와 존 넬슨 다비John Nelson Darby라는 기독교계에 지울 수 없는 흔적을 남긴 두 인물에게서 큰 영향을 받은 것으로 인정되고 있다.

이 두 사람은 영국 교회의 성직자가 되어 매우 경건한 삶을 살았다. 그들의 방법은 전혀 달랐지만 〈하나님의 교회의 가시적인 연합〉이란 위대한 이상을 실현하기 위해 힘썼다. 이 두 사람은 공교롭게도 몇 달 차이로 그들의 수고를 마쳐야만 했다. 퓨지 박사는 항상 그의 이름과 연관된 견해와 관례로 기억된다. 그는 영국 교회가 전례를 찾아볼 수 없는 냉랭함과 무기력한 상태에 빠졌다고 보았다. 성직자들은 몇몇 존경 받는 이들을 제외하고 한결같이 '성직자나 일반 교인이나' 다 세속적이고 무사태평했으며, 그들의 지도 아래 있는 사람들은 두말할 필요가 없었다. 주의 만찬은 거의 지켜지지 않았고, 교회 건물은 관리가 제대로 되지 않아 남루하기 짝이 없었으며, 부흥 운동 따위는 복음주의자들의 전유물이 되어 버렸다.

이 시기의 한 작가는 성직자들을 가리켜 말하기를, "양떼에게 생명의 양식을 나눠주는데에는 관심이 없고, 기껏해야 육신적이고 영혼을 무디게 만드는 적당한 도덕성을 설파하고, 1년에 얼굴 한 번 보기 힘든 목사직을 돈을 받고 내어줌으로써 사람들의 영혼을 노략질했다"고 했다. 그리고 어느 성직자에 대해서는 이렇게 지적했다. "그는 정말 아무런 고상한 목적도, 아무 신학적인 열정도 없었다. 만일 구체적으로 설명해 달라고 누군가 요구한다면, 나는 그 성직자가 그의 교구에 속한 영혼들에게 아무 진지한 관심도 없었고, 그곳 사람들을 찾아가 신앙적인 얘기를 들려주는 것을, 마치 늙은 페이더 태프트[4]나 또는 대장장이 채드 크레니지[5]를 깨우는 것처럼 시간 낭비라고 생각했다고 실토할 수밖에 없다. 만일 이론적으로 말하는 습관이 있었다면, 그는 아마 신앙이 그들 영혼 속에 줄 수 있는 도움이란 그저 감정을 뜨겁게 자극해 주어 가족과 이웃에 대한 의무에 충실하게 하는 것뿐이라고 말했을 것이다. 그는 침례의 관습을 침례 속에 담긴 교리보다 더 중시했으며, 농민들이 그 선조가 예배드리던 교회와 그 몸이 묻힌 한 평 남짓한 묘자리의 신앙적인 혜택을 얻는 데에는 예배의식이나 설교를 조금만 이해하면 될 뿐이라고 생각했다. 단연코, 그 성직자는 '진지한' 사람으로 불릴 만한 사람이 아니었다. 그는 신학보다는 교회 역사를 더 좋아했고 사람들의 견해에 관심을 갖기 보다는 사람들의 성격에 더 관심이 있었다. 그는 힘들게 일하지도 않았고, 자기를 부인하는 것도 없었고, 너그럽게 베풀지도 않았다. 그리고 그의 신학은 느슨하기 짝이

---

4) 조지 엘리어트(1819-1880)의 책 「아담 비드」의 22장에 등장하는 인물. 이 책은 1859년 처음 발간되었다.

5) 같은 책 25장에 등장하는 인물

없었다."

그 당시에는 국교회를 반대하는 무리들(비국교도) 가운데 바리새주의에 필적하는 냉랭한 배타주의가 존재했다. 그들은 정치적인 개혁에 소망을 두고 있었다. 기독교 교회 전체The whole professing Church는 슬기로운 다섯 처녀와 미련한 다섯 처녀처럼 다 졸며 자고 있었다. 그러나 개혁법안the Reform Bill은 분명하고도 강력한 효과가 있었다. 이에 성직자들은 그들의 입지가 위태로워졌음을 인식했다. 그리고 영국 국교회 내의 앵글로 가톨릭계는 그들의 사도적 계승권을 보호하기 위해 목소리를 높여야 한다고 결론을 내렸고, 성례를 제외하고서 사실상 비국교도들이 거부하는 예식들을 강요하기에 이르렀다.

그와 동시에 여러 교파에 속한 신자들은 마음에 각성을 받아 성경을 연구하고픈 열망으로 불타올랐으며, 항상 그렇듯이, 그 결과로 그들의 심령 속에 영적인 빛이 비추게 되었다.

그러나 슬프게도, 퓨지 박사와 같은 이들은 성경의 빛으로 겸손케 되는 대신에, 주로 초기 교부들의 저작에 담긴 전승에서 빌려 온 예식과 인간적인 상상으로by forms and human imagines 그 빛을 흐리게 만들었다. 그리하여 그들은 그 후로 국교회와 그 아류들 속에서 무성하게 꽃을 피우게 만든, 그 해로운 오류의 씨앗들을 뿌리고 말았다. 기존 교회의 나태함과 냉담함에 식상한 그들은 자신들이 직접 성경을 연구하는 대신에, 자신들을 위해 성경을 해석해 줄 사람을 고집했다. 그들은 (비록 의도적이지는 않지만) 그리스도의 것들을 가지고 그분의 백성에게 드러내고 설명해주는 특별한 임무를 띠신 거룩한 교사(성령)를 무시했다. 그와 같이 성령의 현재의 능력을 소위 교부들의 혼란한 생각으로 대체한 까닭에, 그들이 급속히 진리에서 벗어나 미사나 고해성사, 십자가 수난상(像), 연옥, 그리고 어떤 경우엔 성수(聖水)나 성유(聖油)를 도입하더니 결국, 찰스 킹슬레이Charles Kingsley(1819-1875)의 표현처럼, "인간을 자비로운 하나님의 손에서 건져내기 위한 모든 종교적인 장식들"을 신속히 도입하게 된 것은 전혀 이상한 일이 아니다. 그러나 사도들이 떠난 후에 전체적으로 부패했다가 중세에 들어 약하게 발전되었다는 논리에 근거한, 하나님의 교회의 가시적인 연합을 바라는 그들의 주된 목적은 그들이 보기에 극히 부분적으로만 실현되었다. 뿐만 아니라 외부에서 볼 때도, 옥스퍼드 운동의 외형적인 시작을 알리는 존 케블John Keble(1792-1866)의 유명한 아시즈 설교Assize sermon 이래로 거의 1세기가 경과한 현 시점에도 여전히 연합은 요원해 보이기만 할 뿐이었다.

    수많은 열정적이고 경건한 영혼들이 유대교보다 더 진저리나고 참을 수 없는 율법적 압제 아래 신음하고 있었다. 사실 그것은 유대교와 기독교의 일종의 혼합 형태였다. 일부 지도자들은 진지했을지 모르나, 그들의 잘못된 진지함은 영혼의 대적의 간교함과 하나님과 관계된 일에 자기 자신의 지혜를 의지하는 어리석음만을 여실히 드러내 주었다. 그러므로 퓨지 박사와 그 동료들은, 그것이 하나님과 그분의 말씀 및 성령으로부터 떠났으며 교리적으로, 교회적으로, 도덕적으로 폐허 상태에 이르렀다는 명백한 사실을 무시하고서 연합된 기독교계의 회복을 이룩하기 위해 노력했던 것이다. 퓨지 박사는 자신을 부인하는 삶을 살았고, 자기 교구의 주교로부터 많은 핍박을 받았다. 하나님의 말씀에 대한 영감성과 무오류성에 대한 그의 단호한 입장은 특히 다니엘서와 소선지서 주석에서 강조되고 있다.

반면에 존 넬슨 다비는 교회의 죄악과 폐허상태를 애끓는 마음으로 느끼면서, 주님의 권위와 오류가 없는 하나님의 말씀과 성령의 권리를 불굴의 정신으로 강력하게 주장했다. 반세기가 넘도록 그는, 현재의 기독교계가 아무리 무질서 상태에 빠진 채로 어지럽다고 해도, 이미 하나님에 의해 이뤄진 성령의 하나 되게 하신 것을 굳게 지킬 의무가 모든 그리스도의 지체에게 여전히 주어져 있다는 진리를, 부지런히 가르쳤을 뿐만 아니라 친히 본을 보였다.

퓨지 박사가 옥스퍼드 운동의 지도자로서 두각을 나타내기 전, 다비는 케블, 뉴먼, 퓨지와 그 학파의 다른 사람들처럼 종교적 사상의 통일된 시스템 구축에 대해서 강하게 이끌림을 받았다. 다비는 이렇게 말했다. "나는 그 시스템을 알고 있습니다. 나는 이미 뉴먼 박사의 책을 통해서 그 주제에 대해서 많은 것을 배울 수 있었고, 이미 수년 동안 그 시스템을 따라서 오고 있었습니다. 퓨지 박사에 대해선 들은바가 없습니다. 나는 사순절 동안 금식했고, 사순절이 끝날 무렵 내 육체는 상당히 약해져 있었습니다. 한 주간 제대로 된 식사를 한 적도 없습니다. 수요일, 금요일, 토요일 저녁은 아무것도 먹지 않았습니다. 그 외의 시간은 약간의 빵조각을 먹거나 아무 것도 먹지 않았습니다. 일주일간 금식을 엄격하게 지키고자 했습니다. 성례(성찬)를 받고 싶을 때면, 나는 항상 성직자를 찾아 갔으며,

그 문제에 대한 해답을 주길 바랐습니다. 나는 사도적 계승권을 온전히 신뢰하고 있었고, 영국 국교회만이 은혜의 통로가 된다고 믿었습니다. 따라서 나는 루터, 칼빈, 그리고 그를 따르는 사람들은 밖에 있다고 믿었습니다. 나는 그들의 심판자는 아니지만, 나는 그들이 자비하신 하나님의 언약 밖에 있다고 믿었습니다. 그 후에 나는 영국 국교회에 사도적 계승권의 증거가 있는지를 열심히 살폈고, 나 자신과 나의 양심을 위해서 그 타당성을 확보했습니다. 그리고 나서 교회와 국가의 결합은 바벨론 포로상태에 있는 것임을 보았습니다. 교회는 (국가와 독립해서) 그 자체적으로 통치되어야 합니다. 교회는 포로상태에 있으며, 바로 영국 국교회가 그런 상태에 있습니다."

다비의 고결하고 탁월한 교회에 대한 견해는 많은 교계 지도자들이 주장하는 견해와는 상당히 달랐지만 영적인 마음을 가진 사람들에게는 호소력이 없을 수가 없었다. 다비는 "교회는…… 하늘에 속했지만 아직 영광에 들어가지 아니했기에 겸비한 몸으로서… 지상에서는 아무 분깃이 없습니다.…교회는 초기부터 그 머리 되신 분처럼 고난을 당했으며, 이 땅에서 하늘에 속한 것을 초자연적으로 증거하는 증인입니다."라고 말했다.

이 책은 이상과 같은 원리들을 존 넬슨 다비가 어떻게 실천하기 위해 노력했으며, 또한 그는 어떤 사람이었는지를 보여주기 위해서 집필되었다. 이 책은 다비라는 사람에게 영광을 돌리기 위한 것이 아니라, 그가 자신의 전 생애 동안 추구했던 목표와 갈망을 밝히기 위한 책이다.

## 제 2장
## 생애초기-학창시절-대학교-성직자

존 넬슨 다비는 1800년 11월 18일 웨스트민스터에 있는 아버지의 집[6]에서 태어났다. 그는 잉글랜드 남동부의 서섹즈 주(州) 마켈리 출신이자, 아일랜드 킹스 카운티의 립[7] 캐슬 출신인 존 다비John Darby의 막내 아들이었다. 그의 어머니는 웨일즈에서 잘 알려진 보건 가문 출신이었으며, 그의 부친은 노르만족 혈통[8]이었다. 그의 숙부인 헨리 다비 제독Admiral Sir Henry Darby은 나일강 전투에서 벨레로폰 함선[9]을 지휘했으며, 넬슨 경(1758-1805)이 막내 아들의 세

---

[6] 그들은 1800년부터 1834년까지 웨스트민스터, 그레이트 조지 스트리트 12번지에서 살았다.

[7] 렙(Lepp)으로 발음하기도 한다.

[8] 존 다비는 앤 보건양과 1784년 7월 21일에 미국 뉴욕에 있는 트리니티 교구 교회에서 결혼했다. 이어서 그들은 5명의 아들과 3명의 딸을 낳았다.

[9] 해병들 사이엔 '깡패 빌리'로 불렸다. 헨리 다스트레 다비(1749-1823))는 대영제국 해군에 입대했고, 전형적인 74 함포를 탑재한 전함, HMS 벨레로폰의 함장이 되었고, 1798년 8월 3일 나일강 전투에 참여했다. 헨리 제독은 590명의 해병을 지휘하면서,

례식에서10) 그의 후원자가 되어 주었는데, 그의 부모는 이를 아주 만족스럽게 여겼다. '넬슨'이란 두 번째 기독교식 이름은 영국 해군의 영웅의 이름을 본뜬 것이다.

다비는 일찍부터 웨스트민스터 학교에서 교육을 받았다. 그 유명한 학교에서 보낸 기간은 매우 무사 평온했고, 그 소년 앞에 어떤 미래가 펼쳐질지 아무 것도 약속해주지 못했다. 그의 담임 선생은 그 시기에 존 다비란 학생이 있었다는 것 외엔 그에 대해서 아무 특별한 기억이 없었다. 그는 그 소년이 그 학교를 떠난 후 어떻게 되었는지 전혀 알지 못했다. 그 후로 그에 대해서 아무 소식도 듣지 못했던 것이다. J. N.다비의 이름이 전 세계 거의 모든 지역에 널리 알려졌을 때에도 그의 옛 담임선생이 그토록 그를 기억해내지 못했다는 건 참으로 기이한 일이다.

---

넬슨이란 이름을 가진 다른 네 명의 함장과 함께 위험한 전투에 참여했고, 아부키르 만에서 프랑스 함대 사이를 돌파하면서 프랑스 군을 격파시켰다. 벨레로폰 호는 로리앙에 정박해 있던 프랑스 120대의 함선을 포획했는데, 이는 매우 용맹스러운 작전이었다. 이 작전으로 아군은 한 척의 배를 잃었을 뿐이다. 벨레로폰 호는 전투에서 빠져야만 했다. 사상자가 많았기 때문이다. 다음의 편지는 넬슨의 손으로 쓴 편지인데, 전쟁이 끝나고 승리를 거둔 후 헨리에게 전달되었다.

사랑하는 다비에게,

나는 용감한 동료들을 잃어버린 너의 큰 슬픔을 느끼며 애통해하는 바이다. 그럼에도 우리의 영광스러운 승리를 보기를 바란다. 우리는 네가 우리 곁에 오자마자 모든 도움을 주고자 준비하고 있다. 그때까지 하나님께서 도우시길 바란다. 너의 충실한 형, 호라티오 넬슨 씀. 1798년 8월 3일.

10) 다비의 세례식은 웨스트민스터에 있는 세인트 마가렛교회 St. Margaret's Abbey Church에서 1801년 3월 3일에 시행되었다. 1881년 6월 28일 크로이돈에서 덱크(J G Deck)에게 보낸 그의 서신을 보면, 다비는 이것을 만족스럽게 여기지 않았으며, 성년이 된 후에도 그는 이것을 바로 잡기엔 너무 늦었다고 느꼈음을 보여준다. "나는 내가 세례 받은 방식을 만족스럽게 여긴 적이 없습니다. 그렇다고 다시 받을 필요를 느끼진 않습니다. 나는 진실한 마음으로 그렇게 했기에 표면적인 몸으로 영접되었고, 다시 세례를 받을 필요는 없다고 느낍니다."

유년 시절에[11] 다비 가족에게 뭔가 중대한 일이 생겨서 다비는 정들었던 모친의 슬하를 떠나야만 했다. 그는 그 시절에 모친의 사랑을 크게 입었던 터인지 후에 다사다난한 신앙역정을 치르는 중에도 이따금씩 모친에 대한 애틋한 추억을 되새기곤 했다. 나이 50이 되었을 때, 그는 이렇게 모친을 기억했다.

"나는 오랫동안 어머니의 초상을 바라보곤 했습니다. 어머니는 어머니만이 해 줄 수 있는 각별한 돌봄으로 어린 시절 나를 돌봐 주셨습니다. 나는 어릴 적에 어머니를 여읜 까닭에 어머니 얼굴을 어렴풋이 기억하고 있습니다. 하지만 그 시절 어머니께서는 내 마음을 사로잡는 깊은 사랑의 눈빛을 종종 내게 던지셨습니다. 나는 다른 것은 잘 몰랐지만 그 눈빛의 힘은 알았습니다. 신뢰가 뭔지 몰랐을 때, 그 눈빛은 내게 신뢰를 가르쳐주었습니다. 그 눈빛을 통해 나는 사랑을 배울 수 있었습니다. 나는 내가 사랑받는다는 걸 느꼈습니다. 나는 나를 섬기는 데서 기쁨을 찾는 그 사랑의 대상이었습니다. 나는 아마 그것을 당연하게 받아 들였던 것 같습니다. 그 밖에 달리 생각할 수도 없었고 달리 생각할 줄도 몰랐습니다. 내가 배운 모든 것, 내 가슴에 간직되고 내 성품의 일부가 되어 버린 모든 것은 내 눈 앞에 걸린 그림과 연관이 있었습니다. 그것은 어머니의 초상화였습니다. 그것은 더 이상 내 앞에 존재하지 않는 어머니의 모습을 마음에 떠오르게 했습니다."

1815년 다비의 가족은 아일랜드에 있는 할아버지에게서 물려받

---

11) 1944년 판에 실린 원본을 보면, "한 어린아이에게 닥칠 수 있는 가장 큰 재앙은 그의 어머니의 죽음일 것이다. 그때 받은 충격은 말로 표현할 수 없을 정도였다." 라고 되어 있다. 이것은 다소 의심스럽다. 왜냐하면 그의 어머니는 이 일 후에도 몇 년간 살았기 때문이다. 1847년 그는 그의 어머니의 유언을 기억하고 있었다.

은 성으로 이사를 했다. 다비는 웨스트민스터 학교를 졸업했고, 15세에 더블린에 있는 트리니티 대학에 입학했다. 그렇게 함으로써 그는 그의 가족이 종교개혁 이전부터 밀접한 관련을 맺어 온 아일랜드 땅과 그곳 사람들을 처음으로 방문하게 되었다. 이처럼 전반적으로 평온한 환경 속에서 다비는 성장했으며, 학업의 성취도도 상당히 높았다. 19세에 다비는 학사원의 특별회원으로서 문학사 학위와 고전학 최우수상을 받고 졸업을 했다[12]. 행복했던 4년의 학창 시절을 마치고, 다비는 이어서 변호사가 되기 위해 3년 동안 법학을 공부했다. 그리고 1822년 아일랜드 고등법원의 변호사가 되었지만, 다비는 회심을 하게 되자 삶의 동기가 바뀌어 변호사의 길을 포기했다. 바로 이 점이 그의 이후 삶의 비밀이 드러나기 시작하는 부분이다.

1년 후에 이 사실을 알게 된 아버지는 큰 충격을 받았고, 변호사로서 전도유망한 길을 포기한 이 일은 많은 사람들에게 큰 실망을 안겨 주었다. 특히 그가 변호사로서 최고 자리에 오를 뿐 아니라 그 날카로운 분석력과 종합력으로 법률상의 혼란스러운 문제들을 바로 잡는데 기여하기를 기대하던, 그의 매형이자 또한 그 당시 아일랜드 대법원의 수석 판사였던 팬파더Sergeant Pennefather[13]에게 크

---

12) 다비는 1815년 트리니티 학기(즉 여름 학기) 동안 King's Inns에 가입했다. 트리니트 대학 시절, 그는 9학기 동안 King's Inns 과정을 이수했다. 그는 1819년 11월 9일 (미가엘마스(가을) 학기에 Linconln's Inn에 가입했으며, 8학기를 그곳에서 보냈고, 1822년 힐러리(봄) 학기 동안 졸업했다. 다비의 목표는 법학도의 길을 가는 것이었다. 그가 트리니티에 입학하기 이전에 King's Inns에 먼저 가입했다. 비록 그가 King's Inns에서 공부하진 않았지만, 그는 그곳에서 몇 개 학기를 트리니티 과정과 동시에 이수했다.

13) 에드워드 펜파더(1774-1847)는 대법원의 수석 변호사였고, 1835년 초기부터 아일랜드 법무 차관이었다.

나 큰 실망을 주었다.

젊고, 총명하고, 많은 재능과 은사를 가졌을 뿐만 아니라 집안이 좋은 사람이, 자신이 선택하고 입문한 직업세계에서 엄청난 영향력을 발휘할 수 있는 상류층 세계의 사람이, 전도유망한 사회적 지위를 이렇게 포기해버린 일을 이해하려면, 그가 자주 언급하지는 않았지만 그럼에도 젊은 시절 "소명을 받은 자"로서 자신의 생애 가운데 전환점을 이루었던 7년의 세월로 돌아가 보는 것이 절대적으로 필요하다. 다비는 18세에서 25세까지 영적으로 많은 경험을 했다. 여러 해가 지난 후, 그는 깊은 영적 체험과 회심의 결과로 누리는 영적인 평안을 얻기 이전에도 실제적인 회심은 얼마든지 일어날 수 있다는 가능성에 대해서 윌리암 켈리William Kelly와 교제하는 가운데, 지난 7년 간 자신은 시편 88편에 나타난 것과 같은 삶을 살았으며, 그 시 서두의 "여호와 내 구원의 하나님이여"가 유일한 빛이었다고 말했다. 그런 영혼의 경험은 극소수만이 겪는 것인데도 그는 신앙 초기에 이미 그런 깊은 영적인 경험을 겪었으며[14], 그 경험은 그의 평생에 영성의 깊음과 안정성을 더해 주었다. 이는 모세가 광야 40년 생활을 한 것에 비견될 수 있다. 바울도 3년 동안 홀로 아라비아에 있었다. 영국 청교도였던 리차드 박스터Richard Baxter도 7년 동안 무명의 세월을 보내야 했다. 이 모두는 다음 한 가지 사실을 증거한다. 즉 특별한 사역으로 부르시고 선택하신 분께서는 자기 종들을, 일정 기간을 두고서 그들 평생 사역을 위한 훈련을 특별

---

[14] 다비는 자신이 소지하고 있던 그리스-영어 대조성경에 이렇게 썼다. "나는 그리스도를 사랑합니다. 나는 1820년 아니면 1821년, 6월 아니면 7월 이후로, 진심으로 그리고 점진적으로 그리스도를 사랑해오고 있습니다." 분명 이것이 그가 법을 전공하고 있는 동안 기록했던 것이 틀림없다.

히 시키신다는 것이다. 다비의 경우를 보면, 그가 말한 대로, 7년 동안 '영혼의 어두운 밤'을 통과하는 동안 그의 영혼 속에서 희미하게 깜박이고 있던 영적인 소망의 빛이 마침내 그를 대낮의 광채 속으로 들어가도록 이끌어주었고, 처음 하나님과의 화평이 이루어졌다는 사실을 알고 평안을 누리게 되었던 때와 같이 하나님의 구원이 가져다주는 기쁨으로 충만해지는 것을 경험하게 되었다. 그는 하나님이 자신을 부르시는 소명을 들었고, 손짓하시는 하나님의 손을 보았다. 복음서에 등장하는 좋은 지위에 있을 때 부르심을 받았으나, 거절하고 근심하는 마음으로 돌아갔던 부자 청년과는 달리 존 넬슨 다비는, 그도 부자였고, 좋은 지위에 있는 청년이었으나, 순수한 마음으로 세상의 엄청난 것들을 포기하는 결정을 내렸으며, 주님을 알고 또 따라가려는 결단을 내렸고 또한 어떠한 대가를 지불하는 일이 있어도 주님을 좇고자 했다.

그는 계속해서 걸어가야 하는 그리스도인 여정을 앞에 두고 있었고, 여전히 배워야하는 교훈들이 있었지만, 그럼에도 아브라함의 종처럼 지난 시간을 돌이켜보면서 이렇게 말할 수 있었다. "주께서 길에서 나를 인도하사 내 주인의 형제들의 집에 이르게 하셨나이다."(창 24:27 참조)

이러한 경험을 통해서 영혼의 안정을 얻은 다비는 이제 전심으로 하나님을 섬길 수 있기를 열망했다. 이런 목적을 가지고 그는 성직자가 되기로 결심하고 1825년 매기Magee 대주교(1766-1851)로부터 안수를 받아 부제(副祭, curate)로 임명되었다. 그는 위클로우 주[15]의 넓고 민가가 여기저기 흩어진 교구의 부목으로 임명되어, 그곳을 수고와 땀을 쏟을 만한 훌륭한 사역지로, 즉 하나님이 정해주신 사역지로 받아들였으며, 소택지에 지은 한 농부의 오두막에 살면서 자신에게 주어진 모든 거룩한 의무를 몸과 마음을 다 바쳐 충실히 수행했다. 그는 자신이 맡은 사역과 봉사에 열과 성의를 다하고, 성직자로서 자신을 엄격히 다스리고, 빈민을 동정하는 마음으로 헌신적으로 돌아보고, 그리고 개인 재산을 털어 전체 지역을 발전시키는 일과 교구민을 위한 교육 및 구제 사업을 벌였다. 그는 월급을 받거나 사례비를 받지 않았고, 그저 하나님을 섬기는 일에 지칠 줄 모르는 사람처럼 일했다. 거의 매일 저녁이면 그는 자신이 맡은 교구들과 더 넓게는 주변 마을을 다니면서 오두막집에서 농부들을 모아놓고 성경을 가르쳤으며, 한밤중이 되기 전에는 자신이 거하는 누추한 오두막집으로 돌아오는 일이 없었다.

다비는 그 위클로우 주(州) 산지 마을에 아예 정착했더라도 틀림없이 만족했을 것이지만, 하나님은 그분의 시간표에 따라 더 넓은 영역에서 사용하고자 그를 준비시키고 계셨다. 그 어간에 1년이 신속히 지났고, 다비는 대주교로부터 사제직[16]을 받기 위해 도시로

---

15) 존 넬슨 다비는 1825-1829년까지 캘러리 교회에서 부제(부목사)였다. 1817년부터 1820년까지는 (1793년에 출생한 다비의 형이었던) 크리스토퍼가 캘러리 교회의 부제였다.

16) 다비는 이렇게 썼다. "나는 스콧의 에세이가 나의 지성이 왕성하게 작용하고 있을 때, 나의 사상에 강력한 결단력을 부여했다고 생각합니다. 나는 항상 진리들을 묵상해오고 있었지만, 나는 회개 이후에, 비록 하나님께서 모든 과정 가운데 나와 함께 하셨지만 (교회의 가시적인 권위의 자리에 앉아 그리스도의 대리자의 권세를 행사했던) 교황 체제의 검은 구름 아래서도, 나의 지성에 영향력을 준 진리가 가진 힘에 대해서 말하고 싶습니다. 나는 나의 형(1790년 태어난 윌리암 헨리 다비)에게 사람들이 주장하는 온갖 주의를 바라보기 보다는 그리스도를 바라보도록 조언해주곤 했습니다. 그렇게 할 때, 진리들이 나의 마음과 지성에 위안을 가져다줄 수 있기 때문입니다.

나갔다. 그렇게 되면 모든 일을 그의 책임 하에 수행할 수 있었다 17).

사제로 임명 받던 그 날, 그는 영국 국교회에 대한 자신의 입장에 대해 마음이 좀 혼란스러웠으나, 곧 그는 자신의 교구로 돌아와 국내 선교사역에 특히 주력했다. 그 사역은 아일랜드 전역에 있는 가톨릭교도들을 회심시키는데 크게 쓰임을 받았다. 한 때는 1주일에 5백 명이 회심하기도 했다.

존 다비는 자신의 교구를 확장해가고자 더욱 넓은 지역을 말을 타고 다니면서 전도 여행을 했는데, 이 일은 그의 이후 삶의 방향을 바꾸는데 큰 역할을 했다. 이러한 전도 여행을 다니던 중 그에게 사고가 났는데, 이 일은 위기를 초래했다. 그가 탄 말이 갑자기 겁을 먹고서 방향을 틀자, 말에 타고 있던 다비는 내동댕이쳐지면서 문지방에 부딪히게 되었고, 이에 극심한 부상을 입게 되었다. 이 때문에 다비는 치료와 휴식차 더블린으로 가게 되었다. 다비는 더블린에서 얼마간 머물게 되었고, 이제 요양을 하는 오랜 기간 동안 영국 국교회를 생각할 때마다 자신을 괴롭히던 생각들과 자신의 성직자로서 지위에 대한 생각이 시급히 해결해야 하는 문제로 떠오르게 되었다. 강제로 요양을 해야만 하는 기간 동안, 집을 떠날 수 없게

---

나는 그러한 진리들을 그에게 정직하게 소개해주었는데, 그것들은 내가 가지고 있는 성경을 소박하게 읽으면서 발견했던 것들이었습니다." 애스턴 샌포드의 (1821년 4월 23일 죽었던) 토마스 스콧은 런던, Lincoln's Inn에서 다비 시대의 초기까지 살았다.

17) 다비는 따로 성직자 과정을 밟지는 않았지만, 트리니티 대학의 일반 신학과정과 인척관계의 힘, 그리고 로버트 데일리 목사 같은 사람들의 천거에 의해서 성직자로 안수 받은 것으로 보인다.

된 이러한 상황이 이러한 문제들을 깊이 성찰해볼 수 있는 기회를 만들었다.

다비는 이에 대해서 이렇게 말했다.
"홀로 지내야만 했던 기간 동안 고뇌하는 시간이 많았지만, 이런 많은 영혼의 고뇌는 하나님의 말씀이 나에게 완전한 지배력을 행사하도록 성경을 더욱 많이 읽고 묵상하도록 작용했습니다. 나는 항상 성경을 하나님의 말씀으로 인정했으며, … 사도행전을 꼼꼼히 읽음으로써 초대 교회에 대한 실제적인 그림을 그릴 수 있게 되었습니다. 이 일은 교회가 항상 하나님의 사랑하시는 대상이긴 하지만, 현재 실제적인 교회의 상태는 초대교회의 모습과 얼마나 대조적인지를 깊이 통감하게 했습니다."

이 시기 동안 영적 해방과 그리스도와의 연합이란 진리를 경험하면서 다리 부상이 서서히 회복이 되어가자, 다비는 목발에 기대어 움직일 수 있게 되었고 또한 같은 마음을 가진 젊은 사람들과 친분을 쌓게 되었다. 그는 요양을 하는 수개월 동안 매형의 집에 머물렀으며, 그의 누이가 건강을 회복할 때까지 돌보아주었다. 이때쯤 그는 영국 국교회와는 내적으로 단절했으나 그렇다고 다른 교단에 가입하지는 않았다.

자신의 교구로 돌아와 보니 슬프고도 놀라운 일이 생겼다. 국내 선교사역이, 회심자들에게 영국 왕에 대한 충성서약을 요구하는 메기 대주교의 목회용 서신[18] 까닭에 사실상 중단되었던 것이다. 회심자들은 그러한 충성이 왜 필요한지 몰랐다. 그 서신은 그리스도께 대한 충성보다는 교황과 영국 왕 사이에 한쪽을 택할 것을 요구한 까닭에 그 가톨릭 회심자들에게 더없이 부정적인 영향을 끼쳤다. 다비는 그런 상황을 참지 못하고 강력하게 항의했다. 그러나 종교는 국가에 종속되어야 한다는 이론이 승리했으며, 그렇지 않아도 전부터 그의 마음을 혼란케 했던 의문과 의심들이 이제 결단을 촉구하며 고개를 들었다. 그는 주교에게 불순종할 마음은 없었지만, 그러나 정부와 우호적인 관계를 유지하기 위해 종교전략을 펴는 것은 그리스도의 사역과 교회에 불명예가 된다고 믿었다. 그는 이미 양심을 위해 전도유망한 직업을 포기한 바 있었으며, 이제는 영향력과 권위가 있는 자리를 비성경적인 까닭에 지지할 수 없기에 또한 그리스도의 영광에 욕을 돌리는 것이기에 단념했다. 매기 대주교가 시류에 편승하는 기회주의적 기득권자의 권위로써, J. N. 다비의 성직을 박탈했을 때 그 일이 하나님의 교회에 궁극적으로 어떤 결과를 초래할 지 전혀 생각하지 못했다.

대주교의 서신 때문에 일어난 이 사건은, 이 시골 성직자의 마음 속에 일고 있었던 많은 문제점들을 한 번에 해결하게 해주었다. 우리가 이미 살펴본 대로, 이미 양심을 위하여 전도유망했던 직업을 포기한 적이 있었던 다비는 비성경적이라는 이유와 그리스도의 영광에 욕이 된다는 이유 때문에 지지할 수 없다고 생각하고 있는 한, 영향력과 존엄성이 보장된 자리를 내려놓아야만 한다고 느꼈다.

대략 이 시기에, 다비가 쓴 "그리스도의 교회의 본질과 하나됨에

---

18) 이 서신은 3년마다 한번씩 시행되었던 전국 목양 순회 방문하는 동안 더블린에 있는 St. Patrick's Cathedral에 전달되었고, 그때가 8월 10일 화요일이었다. 출처 : The University Press, Dublin for C P Archer 1827.

관한 소고The Nature and Unity of the Church of Christ' 란 제목의 유명한 소책자*가 Christian Witness의 창간호에 실렸다. 한때는 데번 주에 있는 플림스톡의 교구 목사가 Christian Witness의 첫 번째 편집인이었는데, 그는 열렬하게 다비를 지지했으며, 그리스도의 교회의 본질과 하나됨에 대한 기사를 포함해서 첫 번호부터 자그마치 14회에 걸쳐서 기사를 실었다. 참으로 흥미로운 점은, 다비가 이 소책자를 출간하기 전, 그는 이미 이 원고를 출력해서 복사본 여러 개를 가지고 있었고, 개인적으로 대주교 뿐만 아니라 모든 성직자들에게 보냈다는 것이다.

그의 성직은 엄청난 타격을 받았으며, 얼마간 그는 산지에 있는 자신의 교구를 유지하면서 가끔은 시골 지역을 방문하거나 아니면 다양한 종교 모임에서 설교하곤 했다.

Christian Witness의 편집인은 서문에서 자신이 깊은 영향을 받았다고 서술했다. 그는 이렇게 말했다.
"우리는 슬픔과 겸비한 마음으로, 하나님의 교회가 그리스도와 정혼한 정결한 처녀로서 본래 가지고 있어야 할 영광과 기쁨에서 얼마나 멀리 떨어져있는지를 보고 있습니다. 그러므로 우리는 겸손한 마음으로, 하나님의 영께서 우리에게 비추는 모든 빛을 받아들이고자 해야 하며, 우리가 어떤 위치에 있던지 또는 거기서 벗어나는 방법이 무엇이든지 관계없이, 그 빛에 순종해야 합니다."

---

\* 역자주: 이 소책자는 「영광스러운 교회의 길」(2016년, 형제들의집 간)이란 책의 제 9장에 수록되었다.

이 때쯤, 이 후에 카셀 주교가 된 로버트 데일리Robert Daly 목사가 "존, 어쨌든 당신은 우리를 떠났습니다. 그러면 어느 교회에 가입했나요?"라고 묻자, 다비가 이렇게 대답했다. "아무 교회도 가입하지 않았습니다. 나는 비국교도와 아무 관계가 없으며, 여전히 내 자신의 교회에 속해 있습니다."

사실 이 즈음 다비는 한 나라의 전체 국민을 예배와 그리스도인의 교제라는 가장 엄숙한 교회 예식 안으로 받아들이기 위해 교회의 문을 여는 것은 광교회주의자들의 과오를 범하는 것임을 보게 되었다. 따라서 그는 주님께서 머지않아 그에게 "선을 행하는 법"을 가르쳐주실 것을 의심치 않은 채, "악을 행하기를 멈추는 법"을 우선적으로 배워야 했다.

그 당시에 아일랜드 스틸로건의 목사로 있던 제임스 켈리James Kelly[19]는 오랜 후에 "당신은 왜 영국교회를 떠났습니까?"란 질문을 서신으로 보낸 후 다음과 같은 답신을 다비로부터 받았다.

"나는 성경에서 국가 교회 같은 것을 보지 못했습니다. 영국 교회가 영국에 있는 하나님의 회중인가요? 단언하지만, 영국 교회는 영국의 헌법의 지배를 받으며, 그 헌법은 세속적인 것입니다. 그리고 영국의 자랑은 성도가 아니라 국민입니다. 영국 교회가 성도의 회중이라고 말하는 사람은 아주 이상한 사람이거나, 아니면 아주 대담무쌍한 사람입니다. 영국 헌법에 의하면 모든 교구민이 다 예배에 참석해야 합니다. … 내가 영국 국교회를 떠나게 된 것은 성례전과 사제 체제 때문이 아닙니다. 물론 그것들도 본질상 악한 것들

---

[19] 그는 1839년 스틸로건 교회의 사역을 물려받았다.

입니다. 내가 영국 교회를 떠날 수밖에 없었던 것은 그리스도의 몸을 찾고 있었기 때문입니다. (그리스도의 몸은 거기에 없었습니다. 모든 교구민이 다 회심한 사람이 아니기 때문입니다.) 아울러 그와 함께, 하나님이 세우신 사역divinely appointed ministry을 믿었기 때문입니다. 만일 바울이 이곳에 왔다면 그는 말씀을 전할 수 없었을 것입니다. (그는 결코 안수 받은 성직자가 아니었기 때문입니다.) 만일 어떤 악인이 성직을 수여 받는다면, 그는 성직자로 인정받을 것입니다. 반면에 아무리 진실한 그리스도의 종이라 해도 안수 받지 않았다면 성직자로 인정받지 못할 것입니다. 영국 국교회 시스템은 내가 성경에서 발견한 것과 정면으로 대치되는 체제였습니다."

다비는 그 당시에 젊었지만 영적인 생활에 지조, 즉 도덕적인 힘과 그리스도에 의해서 검증된 영적인 분별력이 있었다. 그 결과 그는 주님의 명령으로 믿어지는 것 외에는, 다른 모든 것으로부터 기꺼이 등을 돌릴 수 있었다.

그가 더블린을 마지막으로 방문했을 때 만난 몇몇 친구들 또한 동일한 고민을 하고 있었다. 영국 국교회 뿐만 아니라 자신이 속한 다양한 교파 교회에는 영적인 생명과 그리스도인의 교제가 결핍되어 있음을 절감하고, 그들은 뭔가 영혼을 채울만한 것을 갈급해 하고 있었다. 그러한 마음 상태에서 그들은 함께 하나님의 말씀을 연구하고, 또 그들의 앞길에 대해 빛과 인도함을 주님께 구하기로 뜻을 모았다.

그들의 그런 노력은 헛되지 않았다. 왜냐하면 주님은 그들의 갈

급한 영혼을 심히 만족케 해주셨기 때문에, 그들은 곧 주 예수 그리스도를 아는 지식의 고상함에 비추어 다른 모든 것은 배설물로 여기게 되었다.

주님은 심히 아름답네.
그 미소는 인생에게 심히 아름다워
무심결에 그 미소를 본 자들도
더 이상 세상을 의지할 수 없게 된다네.

영국 국교회나 다양한 비국교도 무리들 가운데에선 하나님의 교회를 표현하는 것을 발견할 수 없었고, 게다가 지상에 있는 그리스도의 몸의 그 광대하고도 거룩한 본질에 대해선 아무 개념도 없이, 그저 그들의 독특한 "십볼렛"이란 발음을 낼 수 있을 때에만 가입할 수 있는 기독교계의 현실에 고민하고 있던 이 젊은 제자들은 어떠한 대가를 지불할지라도 그 시대의 종교적인 진 밖으로 나가서 오로지 주 예수의 이름만을 인정하고 모이던 초대교회처럼 모이고, 그 이름만을 하나님의 백성을 위한 본질적이고, 영구적이고, 유일하게 참된 중심으로 인정하기로 결단했다. 그리하여 1827-28년 겨울 동안 더블린을 방문했던 다비는 "안식 후 첫 날에 우리가 떡을 떼려 하여 모였더니"라고 한 말씀(행 20:7)을 따라서 "떡을 떼기 위해" 주일 아침 네 명의 형제들과 함께 모이는 기쁨을 누렸다.

벨렛J. G. Bellet(1795-1864), 크로닌Dr. Edward Cronin, 허친슨Francis Hutchinson(1802-1833), 브룩크Brooke와 다비 등 5명의 형제들은 휘츠윌리암 스퀘어에 있는 허친슨의 집에서 떡을 떼고, 서로 교제를 나누기 위해 모였다. 이 때 이 다섯 형제들이 자신들이 속해 있던 여러 교파와의 관계를 이미 단절했는지는 확실치 않지만, 그들이 인간의 종교 조직의 무거운 외투를 벗어버리고, 주의 영만이 영혼 안에 이루실 수 있는 예배와 섬김의 그 자유로운 대로로 나가고 있었던 것만은 분명하다. 마태복음 18장, 로마서 12장, 에베소서 4장 3, 4절 등에서 볼 수 있는 진리가 이 당시 이들의 행동에 크나 큰 영향을 미쳤다[20].

그 다섯 형제 중 한 사람이 후에 밝혔고 또 실제로 그렇게 했던 것처럼, 그들은 신령과 진정으로 아버지를 예배하고, 또 주의 재림을 기다리는 동안 우리 자신의 직접적인 책임 하에 주님을 충성스럽게 섬기는 것이 이 땅에서 신자가 갈망해야 할 합당한 영역임을 발견했다.

우리 주님이 유대인 신자들에게 말씀하신 것(요 8:31,32)이, 다비의 경우에 특별한 적용을 했던 것으로 보인다.

---

[20] 이에 대해 다비는 이렇게 썼다. "내가 여기서 언급하고 싶은 것은, 그들이 더블린으로 돌아온 1827년 경, 나는 피츠윌리암 스트리트에 다친 상태로 누워있었다는 것입니다. 우리는 성경읽기 모임을 가졌는데, 다른 사람들도 많이 하고 있었습니다. 우리 다섯 사람은 피츠윌리암 스트리트에 있는 모임에서 만났습니다. 벨렛, 크로닌, 허친슨, 현재 학장으로 있는 브루크, 그리고 나. 이렇게 다섯 명이 모였습니다. 허친슨이 적극적이었고, 나는 다음 일요일에 모임을 가질 것을 제안했습니다. 우리는 허친슨의 집에서 모였습니다. 브루크는 오지 않았습니다. 나는 이미 크로닌이 월슨과 다른 사람들을 만나고 있었다는 것을 알고 있었는데, 그러나 그들은 결별했습니다. 그에 대해 나는 아는 것이 없습니다. 이후 나는 리머릭으로 내려가 그곳에서 사역했는데, (톰 만셀이 살고 있던) 리머릭에선 그 다음 주에 만찬예배를 시작했습니다. 그리고 나서 1830년 6월에 나는 옥스퍼드로 갔고, (위그램은 퀸즈에 있었는데) 위그램과 합류해서 재럿으로 갔으며, 그곳에서 다시 플리머스로 갔습니다. 이내 만찬예배가 영국에서 시작되었고, 곧이어 위그램을 통해서 런던에서도 시작되었습니다. 그들이 앵기어 스트리트로 갔을 때, 나는 더블린에 없었습니다. 하지만 나는 나중에 그곳에 갔습니다."

"너희가 내 말에 거하면 참으로 내 제자가 되고 진리를 알지니 진리가 너희를 자유롭게 하리라."

다비는 참으로 제자가 되었을 뿐만 아니라, 많은 사람들이 진리가 주는 자유를 누렸던 것 이상으로 나아갔다.

# 제 3장
# 왕성한 수고

성직을 사임한 후 다비는 자신이 하나님의 말씀을 증거하는 일이나 영혼을 실질적으로 치유해주는 거룩한 사역을 포기한 것이 아님을 여러모로 분명하게 보여 주었다. 오히려 그는 앞선 세기의 유명한 존 웨슬리John Wesley(1703-1791)처럼 전 세계를 자신의 교구로 삼았다. 비록 영국 국교회의 평가는 매우 분분했지만 여러 가지 괄목할 면에서 그의 이후 사역은 존 웨슬레의 사역과 유사했다. 존 웨슬리는 양심적으로 영국 국교회로부터 분리할 수 없었던 반면에, 존 다비는 양심적으로 영국 국교회의 울타리 안에 머물러 있을 수 없었다. 그러나 선교의 열정이나 진지함, 헌신, 철저한 전도정신 등에 있어선 두 거인이 매우 흡사했다. 다비의 경우엔 뜨거운 전도의 열정 외에, 하나님의 교회와 그리스도의 몸, 주의 강림하심, 예언, 세대적인 진리, 하나님의 말씀, 성령의 사역, 교회의 소명과 특권 등에 대한 분명한 가르침이 있었다. 파워스콧 성Powerscourt Castle과 그 후에 영국 각지에서 계속된 그의 사역 초기에는 이러한 가르침에 많은 사람들이 관심을 보여 왔다. 6,70명에 이르는 헌신적인 성직자들과 일부 비국교도 사역자들이 그 모임에 참석하여 함께 그 진리를 나누었다. 그들은 그 일이 앞으로 어떻게 될 것인지 사뭇 궁금해 했다. 그 후 필연적인 결과가 따랐다. 즉 성직자 제도가 위기에 처하게 된 것이었다!

다비가 〈악으로부터의 분리는 하나님이 정하신 연합의 원리 separation from evil was the Divine principle of unity〉라고 주장하던 1836년에 그로브스A. N. Groves21)는 이렇게 다비에게 편지했다.

"영국 교회와의 관계가 어떤 식으로든 유지되고 당신의 양심을 해치지 않는 범위에서 그들의 사역에 조금이라도 참여하는 동안은 그들이 당신의 처신을 최대한 인내했지만, 그러나 당신이 그들을 완전히 거부한 후로는 그들은 가차 없이 당신을 정죄했다고 파워스콧Powerscout 여사22)에게서 들었습니다. 만일 그렇다면 과거의 위치가 잘못이고 현재의 위치가 옳다는 게 입증된 셈입니다!'

---

21) 앤서니 노리스 그로브스(Anthony Norris Groves, 1793-1853)는 1795년 햄프셔, 뉴턴에서 태어났다. 치과의사였고, 그는 직업세계에서 성공한 인물로서 엑세터에서 성공가도를 달렸다. 그는 21세에 결혼했으며, 그때 이미 선교사로 나갈 마음을 굳혔다. 그 당시 그의 아내는 이런 결정에 동의할 수 없었기에, 그는 다음 단계로 나아가는 것을 보류했으며, 두 사람 모두 준비하는데 13년이란 세월이 걸렸다. 1825년 그는 직업을 내려놓고, 선교사로 나가는데 안수받기 위해 더블린에 있는 트리니티 대학에 입학했다. (이 기간 동안 그는 처음으로 다비와 나중에 초기 형제단의 유명한 지도자들이 된 몇 명의 인물을 만났다.) 4년 후 그로브스와 그의 아내는 두 명의 어린 아들과 세 명의 그리스도인 친구들과 함께 인도, 바그바드로 떠났다. 이 여행은 러시아를 거쳐 조지아와 페르시아를 통과하는 긴 여행으로 목적지까지 도착하는데 6개월 정도 걸렸는데, 많은 어려움과 위험을 감수해야만 했다. 그로브스의 누이 메리Mary는 조지 뮬러의 아내가 되었다.

22) 테오도시아 파워스콧(Theodosia Powerscourt, 1800-1836) 여사는 파워스콧 경의 두 번째 아내였다. 그녀는 과부였다. 조지 헨리 랭George Henry Lang은 자기 아버지(G T Lang)가 다비와 매우 가까운 사이였으며, 다비가 그녀와 결혼을 고려했는데, 그 이유는 다비가 여러 모임을 방문하고 다니는데 꼭 필요하다는 말로 형제들이 그렇게

다비가 평생에 걸쳐 당해 온 일 중 하나는, 심지어 그리스도께 대한 헌신 때문에 개인적으로 몹시 존경하던 사람들에게서조차도 그는 철저히 오해를 당했다는 것이다. 많은 사람들이 그를 신비주의자로 몰아세우고, 그의 가르침을 현재의 혼란한 기독교계의 상황에서는 실현 불가능한 것으로 간주했다. 그러나 존 넬슨 다비는 묵상에만 몰입한 사람이 아니라 실제적인 사람이었고, 게다가 그리스도인의 순례자로서의 소명을 철저히 이해하고 실천에 옮긴 사람이었다. 1849년에 작시한 광야의 노래Song of the Wilderness라는 아름다운 시에서 그는 자신의 생각과 행동의 경향을 잘 표현했다.

이 세상은 드넓은 광야
난 여기서 아무 구할 것도 택할 것도 없네.
여기선 머물 마음 없고
후회할 것도, 잃어버릴 것도 없네.
……

조언했으나, 다비가 마음을 바꾸었다는 이야기를 자신에게 해준 일을 기억했다. 나는 파워스콧 여사의 편지와 신문 등의 사본을 가지고 있다. (이 신문은 런던에 있는 Hatchard and Son Piccadilly 신문사에 의해서 1838년에 발행되었다.) 편지와 신문은 플리머스, Princes Square 3번가에 있는 해리엇 엑클에 보관 중이다. (날짜는 없고, 아마도 1836년 6월 21일 이전에 쓴 것으로 보이는) 74번 편지의 머리말에 보면, 이니셜로 JND란 이름이 쓰여 있는데, 이전 소유자가 연필로 그 이니셜 앞에 '친애하는…' 이란 말을 써놓은 것을 볼 수 있다. 그 당시 테오도시아는 이렇게 썼다. "당신을 보거나 당신의 설교를 듣는 일은, 그 날 이후로 항상 나의 영혼을 슬프게 만듭니다." 그리고 그녀는 "이 세상에서 가장 사랑하고 감사하는 당신의 친구 TAP 올림." 이란 말로 편지를 마쳤다. 쿠엔데F Cuendet는 자신의 수베네즈(15,16p)에서 이것을 제공했다. 나이 많은 형제들 사이에서 떠도는 이야기지만, 그녀는 1836년 12월 30일 상심한 마음을 안은 채로 죽었다고 한다. 윌리암 켈리W Kelly는 이 일에 대해서 자신이 쓴 편지 가운데 하나 (1897년 9월 8일)에서 암시하듯 이렇게 썼다. "파워스콧 여사는 몇 줄을 썼다. ('인간적인 동정심을 바라기엔 너무 상처가 깊다.') 나는 이것이 다비가 결혼에 대한 생각을 접은 것 때문이 아닌가 생각한다."

난 그분의 사랑 안에서 보배를 찾았네.
그것이 이 땅에서 나를 나그네 되게 했네.

이러한 결정은 음울한 영성이나 단순한 종교적인 감상주의의 산물이 아니라, 주님께서 자신을 부르신 목적을 분명히 이해한 데서 나온 결과였다. 그러기에 우리는 그가 영국과 아일랜드 뿐만 아니라 후에는 프랑스, 독일, 스위스, 네덜란드, 이탈리아, 캐나다, 미국, 오스트레일리아 등지를 두루 다니면서 영적으로 목말라 하는 영혼들에게 생수를 날라다 주고, 수많은 그리스도인들을 비성경적인 속박과 교회 전통으로부터 해방시키는데 하나님께 풍성하게 쓰임 받는 모습을 보게 된다.

테오 캐론Theo Carron은 The Christian Testimony Through the Ages(P&I, London 1957 p.346)란 책에서 이렇게 말했다.

"다비는 프랑스 사람 모노F P Monod의 연구를 지지했던 1830년 처음으로 유럽을 방문했다[23]. 그는 1836년에 프랑스를 다시 방문했다. 이어서 1837년 그는 처음으로 스위스를 방문했다. 2년 후 그는 다시 스위스를 방문했으며, 스위스와 프랑스에서 4년을 머물다가 1844년과 1848년에 다시 돌아왔다. 그리고 1850년과 1854년에 다시 방문했다. 1854년에는 뒤셀도르프에 살고 있던 자기 형(W H Darby)의 제안으로, 처음 독일에 갔으며, 가는 길에 얼마간 네덜란드에 머물렀다."

---

23) 파워스콧 여사가 동시에 파리에 있었다는 사실은 중요하다. 1830년 5,6월 경 이 시기에 그녀의 편지들(36번과 37번)을 보라. 파워스콧모임은 1830년 9월에 시작되었다.

로버트 루이스 스티븐슨Robert Louis Stevenson이 쓴, 「세벤느 산에 원숭이와 함께 여행하는 법」이란 책24)에는 다비의 헌신적인 수고가 끼친 여러 가지 효과 가운데 흥미로운 이야기를 소개하고 있다. 즉 그는 놀라운 사건을 소개한다. 다소 거리가 먼 가톨릭 프랑스 지부로 가는 길에 오른 스티븐슨은 길을 묻고자 사람을 기다리던 중, 우연히 한 프로테스탄트 농부를 발견했다. 길을 물어보는 등 대화를 이어가다가, 그는 그 농부에게 어떻게 프로테스탄트 이주민들이 가톨릭 지부 안에 정착하게 되었는지를 물었다. 그러자 다비란 이름을 가진 영국 목사가 몇 년 전 이 지역을 방문했고, 그들에게 하나님의 말씀을 가르쳤다는 설명을 했다. 그리고 이웃에 사는 사람들은 그들을 가리켜, 다비의 가르침을 따르는 사람들이란 뜻에서 더비스트Derbists라고 부른다고 했다. 전형적인 농부였던 그는 그 이야기를 열심히 설명해주면서 스티븐슨을 회심시키고자 했다는 것이다.

다비가 방문했던 나라들과 마을의 숫자를 계산해보아도25), 이번 장의 제목이 얼마나 합당한지를 알게 된다. 사도 바울과 존 웨슬리를 제외하고, 누군가 그리스도의 복음 때문에 청년시절부터 노년에 이르기까지 지칠 줄 모르고 전도여행을 한 사람이 있다면, 그 사람이야말로 이 장의 주인공일 것이다. '나는 케임브리지와 옥스퍼드

---

24) 127-138쪽, 세벤느 산에 원숭이와 함께 오르는 법, 로버트 루이스 스티븐슨, Chatto & Windus 출판사, 런던. 1914.

25) 다비 서신들에 대한 색인표를 보라. E N Cross, Chapter Two, London. 여기엔 다비가 여행한 장소에 대한 아름다운 사진과 함께 그가 관심을 보인 나라들의 사진이 실려 있다.

로 갔고…스위스를 1회 이상 방문했으며…하나님께서 회심의 역사를 일으키셨고 또 세상으로부터 허다한 하나님의 자녀들을 불러내셨던 로잔에 오랜 기간 동안 머물렀으며….” 이러한 기록들은 그가 방문했던 장소를 문자적으로 알려줄 뿐이지만, 그가 여행하는 동안 일정을 기록하고 또 그가 그 당시 썼던 3권 분량의 서신들과 기타 글에서 언급하고 있는 목양사역의 기록을 보면 그가 여행하는 동안 경험했던 하나님의 놀라운 역사를 엿볼 수 있다. 별로 언급하는 사람이 없긴 하지만, 우리는 다비가 미국과 캐나다를 6회 정도 방문했던 것을 주목해야 한다. 그가 미국에 갔을 때에는 뉴욕, 시카고, 디트로이트, 세인트루이스, 보스턴, 필라델피아 그리고 매사추세츠 등을 방문했고, 또 캐나다에 갔을 때에는 몬트리올, 오타와, 겔프, 민토, 해밀턴, 런던, 온타리오, 토론토, 몽펠리에, 퀘벡, 그리고 인도 형제들이 거주하고 있는 캐나다 외곽 지역 등을 방문했다. 이러한 여러 차례 방문은 복음 설교와 말씀을 가르치는 일이 주를 이루었다.

  게다가 우리는 다비가 서인도 제도를 방문했던 기록들을 볼 수 있다. 네덜란드도 언급되고 있고, 앞서 말한 나라들은 대부분 그가 50세 이후에 방문했던 곳이다. 나이를 먹어도, 그리스도를 섬기는 그의 열정은 사그라지지 않았다. 인생 중반기에 들어서자, 유럽은 기독교 사역을 위한 새로운 사역지로 다비의 마음을 사로잡았고, 이 시기에 스위스는 희미하게 보일 뿐이었다. 스위스의 취리히, 제네바, 브베, 칸톤보, 뇌샤텔, 그리고 프랑스 내의 스위스 마을들을 자주 방문했다. 또한 독일도 언급되고 있는데, 독일은 그의 형이 살던 곳이었다. 독일에선 수년간 말씀 사역에 수고했고, 엘버펠트, 프랑크푸르트, 기타 마을들이 언급되고 있다. 다비의 열정적인 수고의 결과로 경이로운 사역이 펼쳐졌다. 프랑스엔 80세의 고령에도 다비는 계속해서 방문했으며, 1880년에 이루어진 마지막 유럽 여행의 목적지도 프랑스였다. 여행 일정 가운데에는 파리, 피레네 지역의 여러 도시들과 마을들이 있었고, 님, 세인트 히폴리테 등이 있었다. 네덜란드엔 로테르담을 방문했고, 거기서 런던으로 가는 길에 다비는 강한 태풍 때문에 12시간 이상 연착될 것으로 보인다는 내용을 적었다. 우리 시대 뿐만 아니라 빅토리아 시대에도, "큰 물에서 일을 하는 사람들"(시 107:23)에게 이런 여행은 쉽고, 편안하고, 시간을 잘 지킬 수 있는 여행은 아니었다. 다비는 이탈리아도 방문했으며, 플로렌스는 그가 말씀 사역을 하던 도시들 가운데 하나였다. 영국 제도the British Isles를 여행했던 그의 여행 기록을 보면, 작은 책 한 권 분량이 된다. 그 가운데 대표적인 도시를 거명하자면, 런던, 옥스퍼드, 케임브리지 등이 있다. 옥스퍼드 대학과 케임브리지 대학에서, 다비는 나중에 그 이름을 위하여for the sake of the Name 자신의 세속적인 성취 또는 재력, 명예, 그리고 명성까지 포기한 일 때문에 유명해진 사람들을 만났고, 그들에게 강한 영향을 끼쳤다. 다비는 1832년 브리스톨에 있는 벳새다 교회와 기드온 교회에 가서 큰 기쁨 가운데 설교했다. 그는 다만 마음이 좁아지는 것을 두렵게 생각했다. 다비는 브리스톨의 조지 뮬러와 헨리 크레익의 사역을 방해하고 있는 것은 아닌지 염려가 되었다. 그는 이렇게 말했다.

"주님은 우리에게 복을 주셨고, 성도들의 마음을 브리스톨에 있는 우리에게 쏟게 했으며, 그 결과 많은 사람들이 말씀을 듣고자 모여들고 있습니다. 우리는 두 개의 교회에서 말씀을 전하고 있습니다. 주님은 매우 뚜렷한 사역을 하고 계시며, 나는 우리의 사랑하는 형제 조지 뮬러와 헨리 크레익이 더욱 풍성한 복을 받기를 바라고 있습니다. 그렇지만 나는 우리가 교제의 범위를 조금 더 넓히길 소망합니다. 나는 그리스도의 교회를 위하여 무엇보다 우리 마음이 좁아지는 것을 두렵게 생각합니다. 특별히 지금은 더 그렇습니다."

다비는 프로비던스 채플이 플리머스에 개척되었던 처음 6년 동안, 그곳을 여러 차례 방문했다. 건지Guemsey도 방문했는데, 그곳은 평생 동지였던 윌리암 켈리William Kelly가 사는 곳이었다. 헐, 헤리퍼드, 리버풀, 글래스고우, 그리고 케스윅 등은 "말씀과 가르침"을 향한 불요불굴의 수고를 위해 수도 없이 방문했던 마을들이었다. 한편 자신의 고향 아일은 그리스도를 위하고 또 아일랜드 사람을 사랑하기 위한 그의 열정으로 뒤덮인 곳이었다. 더블린, 리머릭, 마요, 클레어, 킬케니, 아슬론, 클론멜은 다비가 전도여행을 갔던 도시 이름들이다. 이처럼 왕성한 수고의 역사는 50년이란 세월에 걸쳐서 멈추지 않고 지속되었다. 그는 자신의 사역을 기뻐했으며, 힘이 쇠약해질 때에도 그 기쁨은 약화되는 일이 없었고, 이미 언급했지만 80세의 고령에도 마지막으로 유럽을 방문하게 된 일을 통해선 말할 수 없는 행복감을 느꼈다. 다비는 한두 번 스페인을 방문했지만, 언어 문제로 어려움을 겪었다. 그는 어느 서신에서 자신이 스페인어에 익숙하지 않기 때문에 다소 어려움을 겪은 이야기를 소개했다.

이것은 다비를 추켜세우려는 것이 아니라, 올리버 크롬웰Oliver Cromwell이 자신의 초상화를 그리는데, 얼굴에 있는 사마귀를 포함해서 모두 그리도록 명령했던 것처럼, 우리는 다비의 있는 그대로의 모습을 서술하고 있다. 이어서 소개되는 사건은 그의 약점들 가운데 하나의 사례가 될 수 있지만, 앞서 언급했듯이 왕성한 사역을 감당했던 이처럼 위대한 하나님의 사람의 초상화의 일부라고 할 수 있다.

런던의 한 외과의사는 다비가 미국을 방문하는 동안 가졌던 성경읽기 모임 가운데 하나의 이야기를 소개했다. 많은 목사와 목회자들이 다비에 대한 관심을 가지게 되었다. 그들 가운데 펜테코스트 Rev. Dr. G F Pentecost 박사[26]는 성경읽기 모임이 진행되는 가운데 갑자기 질문을 했다. 다비는 간단하게 답변을 했지만 질문자는 자신의 질문과 답변의 관련성을 이해하지 못했고, 재차 질문을 했다. 이번에도 다비는 답변을 해주었는데, 펜테코스트 박사는 다비가 요점을 파악하지 못하고 있다는 점을 지적하면서 세 번째 질문을 하면서 좀 더 상세한 설명을 요구했다. 예상치 못한 논쟁으로 흘러갈 것을 염려했던 다비는 쏘아 붙이듯 응수하면서 "나는 두뇌를 만족시킬만한 강해를 하고자 (또는 그런 말씀을 전하고자) 여기 있는 것이 아닙니다"라고 딱 잘라 대답했다.

다비가 시카고를 방문하는 동안 일어난 일도 흥미롭다. 다비는 무디 D L Moody[27]의 초청을 받아 파웰 홀 교회에서 성경읽기 모임

---

[26] 조지 프레드릭 펜테코스트(George Frederick Pentecost, 1841-1879)는 수많은 교회를 목회했던 목사였으며, 토레이 R. A Torrey가 편집한 The Fundamentals이란 전집의 저자 가운데 하나였다.

[27] 드와이트 라이먼 무디(Dwight Lyman Moody, 1837-1899)는 1867년 처음 대영제국을 방문했으며, 네 번째 방문했을 때 첫 번째 큰 규모의 복음대회를 열었는데 그때가 1873-5년이었다. 그리고 두 번째 복음대회는 1881-4년, 그리고 세 번째 영국 복음

을 시리즈로 가졌다. 여기에 모인 사람들은 하나님의 말씀을 사랑하는 사람들이었다. 하지만 갑자기 자유의지에 대한 질문이 나오자, 두 사람의 의견이 충돌하게 되었고, 이 모임은 불행한 결말을 맞이하게 되었다. 다비는 이 점에 대해서 무디가 극단적인 칼빈주의라고 생각하는 것을 고수했으며, 인간의 의지는 타락했기에 인간은 자기 의지로 구원받고 싶어 할 수도 없다는 점을 강조했고, "이는 혈통으로나 육정으로나 사람의 뜻으로 나지 아니하고 오직 하나님께로부터 난 자들이니라"(요 1:12)와 "그런즉 원하는 자로 말미암음도 아니요 달음박질하는 자로 말미암음도 아니요 오직 긍휼히 여기시는 하나님으로 말미암음이니라"(롬 9:16)라는 구절을 자신의 주장의 근거로 제시했다. 이에 무디는 사람은 책임 있는 존재로서, 하나님께로 돌아오도록 하나님에 의해서 요청을 받고 있으며, 자기의지로 돌아오려고 하지 않기 때문에 정죄를 받게 되는 것이란 점을 강조했다. 그래서 예수님께서 자신의 메시지를 거절하는 자들에게 "너희가 영생을 얻기 위하여 내게 오기를 원하지 아니하는도다"(요 5:40)는 구절을 제시했다. 무디에겐 "누구든지 믿고자 하는 자마다(whosoever will)"는 구원을 보장해주는 복음의 초청의 말씀이었다. 논쟁이 너무 과열되자, 다비는 갑자기 자기 성경책을 덮었고, 더 이상 토론하기를 거부했다. 이로써 그의 인생의 엄청난 기회들 가운데 하나를 잃어버리게 되었고, 이 일은 많은 사람들에게 그렇게 비쳤다.

---

대회는 1891-2년에 열었다. 에드워드 데넷(Edward Dennett, 1831-1914)은 무디와 생키가 복음대회를 위해 런던을 방문했을 때, 자신과 윌리암 켈리가 동역하고 있던 블랙히쓰 교회의 성도들이, 그 복음대회를 위해 매일 기도했다고 기록했다.

무디와 결별한 다비는 무디의 사역과 그의 독특한 복음전도 방식을 정죄하기를 주저하지 않았다. 그의 서신에서 다비는 무디의 전도 방식에 대해서, 그렇게 복음을 전하면 교회는 곧 세속적인 사람들로 가득 차게 될 것이라고 자신을 따르는 자들에게 경계하는 말을 했다. 이는 아무리 불세출의 인물이라도, 어떻게 편견이 눈을 멀게 하고 또 오도할 수 있는지를 보여주는 충격적인 사례라고 할 수 있다. 다비가 오늘날 살아있다면, 저 위대하고 온정 많은 복음전도자에 의해서 시작된 사역이 세속성과 배도에 대해서 얼마나 튼튼한 방어벽이 되어 주었는지를 보고 놀랄 것이다. 무디는 자신이 말씀을 이해하는데 많은 도움을 받은 것에 대해서 형제단 저서들에게 빚을 지고 있음을 항상 인정했으며, 가장 많은 영향을 받은 사람으로 매킨토시C H Mackintosh[28])와 스탠리Charles Stanley를 꼽았다. 매킨토시의 책은 무디가 항상 최고의 책으로 추천했다. 편견 없는 마음을 가진 사람은, 그때 이후로 노쓰필드에 새로운 흐름이 생겼다는 점을 부정할 수 없을 것이다[29]).

---

28) 무디의 매형, 플레밍Fleming H Revell은 매킨토시C H Mackintosh의 저서들을 출판했다. 그 당시 형제단에 속한 교사들이 성경을 가르치는 영적인 수준은 최상이었을 뿐만 아니라 매우 풍성했다고 전해진다. C H 매킨토시의 저서들이 출판된 이후, 북미에서 다비의 저서들을 보급하는 책임을 맡은 사람은 무디D L Moody였다. 무디는 이렇게 썼다. "나는 매킨토시의 주석을 주의 깊게 읽었고, 엄청난 기쁨으로 전율했습니다. 동시에 그 주석들이 성경의 진리를 여는 방식을 통해서 유익을 얻었습니다. 나는 즉시 매킨토시의 모든 저서를 확보했습니다. 만일 성경 외에, 나의 도서관에 반드시 소장해야 하는 책이 있다면 그것은 매킨토시의 저서일 것입니다. 매킨토시의 책을 잃어버리느니, 차라리 나의 도서관과 이별하는 쪽을 선택할 겁니다. 매킨토시의 책은 나에게 성경을 이해하는 열쇠가 되어 주었습니다." 매킨토시의 책을 보증하는 뜻에서 그는 이렇게 썼다. "C H 매킨토시는 나에게 엄청난 영향을 주었습니다."[from Gedenket eurer Fuhrer, by Arend Remmers, p.84.]

29) 그 시대 한 복음주의 신문사는 이렇게 썼다. "무디에게 많은 감사가 돌려져야 하지만, 그럼에도 그리스도인에게 치욕을 안겨준 고등비평을 확산하는 일에 그가 또

다비가 만난 또 다른 미국 지도자는 다니엘 스틸 박사Dr. Daniel Steele(1824-1914)가 있는데, 그는 감리교회의 감독이었고, 웨슬리의 완전성화론의 옹호자였다. 그는 처음엔 다비의 순수한 열정과 말씀에 대한 방대한 지식을 보고 크게 환영했으며, 보스턴에서 열린 성경읽기 모임에 여러 번 참석했다. 하지만 그는 다비가 증거하는 은혜의 교리를 수용할 수 없었고, 신자 속에 있는 두 가지 본성과 신자의 영원한 안전에 대한 다비의 가르침을 철저하게 잘못된 것으로 여겼다.

1840년 제네바에서 찍은 다비 사진30)

한 기여를 했다는 점도 무시해서는 안된다." 조지 아담 스미스George Adam Smith가 그곳에 초청을 받았을 때, 그는 처음에는 자신의 견해가 노쓰필드에서 가르친 내용들과 다를지도 모른다는 말을 하면서 거절했다. 그러자 무디는 "걱정 말게. 와서 그저 당신이 믿는 바를 전하게"라고 말했다. (그의 아내가 쓴 조지 아담 스미스의 생애. p.120에서 인용.)

30) F 쿠엔데에 따르면, 이처럼 멋진 다비의 사진은 1840년에 찍은 것으로 Palais de Eynard에 소장되어 있다. 나는 가족 기록을 자유롭게 열람할 수 있는 롤Rolle에 사는 아이나드M. Eynard란 형제를 통해서 확인했는데, 그는 Frenchmen Nicephore Joseph Niepce(1763-1833)와 Louis Jacques Mande Daguerre(1787-1851)와 그 다음 세대 사진 발명가들의 발명품에 열광하는 사람이었고, 처음으로 카메라와 사진이 개발되던 초기 시기에 사진 찍는 것을 취미로 삼을 만큼 매우 부유한 사람이었다.

어느 날 다비는 요한일서 1장 7절 "그가 빛 가운데 계신 것 같이 우리도 빛 가운데 행하면 우리가 서로 사귐이 있고 그 아들 예수의 피가 우리를 모든 죄에서 깨끗하게 하실 것이요"란 구절을 강해하면서 이 구절의 주제는 우리의 행실이 어디에서 이루어져야 하는 것임을 강조하고 있으며, 우리가 어떻게 행할 것인가에 있지 않다는 설명을 하고 있었는데, (구원 얻은 자도 자신의 행실에 따라서 구원을 잃어버릴 수 있음을 강조하던) 스틸 박사는 불쑥 질문을 했다. "이보시게, 다비 형제. 참 그리스도인도 얼마든지 그 빛을 등질 수 있지 않은가? 그러면 과연 어떻게 될 것 같은가?" 그때 다비는 이렇게 대답했다. "그러면 그 빛은 당신의 등을 비출 것입니다!"

다비는 가난하고, 또 글을 알지 못하는 신자들에겐 무한한 인내심을 발휘했고, 성경읽기 모임에서 배우지 못한 형제가 질문하면 최대한 도움을 주고자 했으며, 어려움이 해소될 때까지 인내 가운데서 동일한 내용을 반복해서 설명해주었다. 흔한 일은 아니지만, 가끔은 그의 인내심이 바닥나는 일도 있었다. 그가 생각하길, 진리에 순종할지 말지를 미루는 성향의 사람들에 대해선 특히 그랬다.

모든 사상가와 학자는 그 본성상 신비주의적 강박증이 나타나기 마련인데, 이런 성향은 엄격한 연대순으로 다루기엔 어려운 점이 없지 않다. 이것은 다비의 경우에도 마찬가지다. 다비는 사실상 굉장한 활동가였으며, 일생동안 다른 사람들을 돌보는 일에 상당히 헌신적이었다. 그는 사진 찍는 것을 싫어했으며 또한 그럴 시간도 없었고, 그래서 일기 쓰는 것도 하지 않았다. 자신의 임종 시에도 의사에게 말씀을 전했고, 자신의 전체 생애를 "그리스도께서 내 생애 목적이었습니다"라고 설명했다. 이방인의 사도였던 바울처럼, 다비는 지난 반세기 동안 자신의 공적 사역의 삶을 돌아보면서 "내게 사는 것이 그리스도니"라고 말할 수 있었고, 끝까지 그렇게 살았다. 그런 삶을 살았던 다비도 크고 작은 골칫거리와 같은 일들을 피해가진 못했다. 그와 그의 사역은, 마땅히 기독교계가 소중히 여길 것을 기대했지만 끊임없이 오해를 받았다. 사실 세상적인 존경을 얻는 것, 그것은 다비가 가치 없는 것으로 여긴 것이기도 했다. 그럼에도 타의추종을 불허하는 그의 성경을 강해하는 은사는 부정될 수 없을 뿐만 아니라 그가 기독교계에 미친 공적 또한 잊혀질 수 없다.

다소 비우호적인 유럽의 학자인 헤르조그 교수Professor Herzog31)는 1840년 봄 스위스를 방문한 다비를 보고 이렇게 적었다.
"유능한 목회자이자 성경에 아주 능한 교사로 잘 알려진 그가 왔습니다. 사람들은 그리스도에 대한 사랑과 영혼에 대한 사랑으로 모든 재산을 포기한 그의 헌신을 놀라워했습니다. 또 그가 모든 행실에서 초대교회 시대를 연상케 하는 단순함과 검소함을 드러내는데 놀랐습니다. 또 그가 단란한 가정생활의 행복을 희생하고 하나님의 나라를 위해 영혼을 얻기 위해 두루 다니는데 생애를 보내고 있다고 감탄했습니다.……다비가 영혼을 회심시키는 것보다 이미 회심한 영혼들을 자신의 가르침 아래 연합시키는데 더 마음을 쓰고 있음에도 불구하고, 우리는 그가 위의 찬사들

---

31) 요한 제이콥 헤르조그(Johann Jakob Herzog, 1805-1882)는 바젤Basle에서 태어나, 바젤과 베를린에서 대학을 다녔으며, 1835년 목사 안수를 받았다. 츠빙글리와 칼빈이 주도했던 종교개혁에 관한 다수의 책을 썼다. 그가 쓴 「Les Freres de Plymouth et John Darby」(Lausanne, George Bridel, 1845)란 책은 앞에서 서술한 내용을 서술하고 있다.

을 받을만한 자격이 충분하다고 기꺼이 인정합니다. 확실히 그에게서는 남다른 훌륭한 자질들을 발견할 수 있습니다. 그의 회심은 진실하고 또 실제적인 것임을 의심할 하등의 이유가 없습니다. 그는 주의 일에 많은 것을 바칠 수 있으며, 이미 그 사실을 놀랍도록 입증해 왔습니다. 그는 지칠 줄 모르고 수고하는 활동가인 동시에 매우 독창적이고 또 독립심 강한 사람입니다."

그런 다음 그로서는 아첨에 가깝다고 할 만한 표현을 덧붙였다. "만일 그가 다른 길을 택했다면 우리 영국 국교회에 큰 기여를 했을 것입니다."

물론 헤르조그 교수는 다비의 방문의 결과로 스위스 복음주의 진영에 커다란 운동들이 일어나리라고는 예상치 못했다. 위에서 말한 연대의 3년 전에 상당수의 신자들이 다비의 출애굽기 강해를 듣고 스위스 자유교회the Swiss Free Church에서 분리되어 나왔다. 다비는 출애굽기를 강해하면서 다음과 같은 유명한 시를 지었다.

내 영혼아 일어나라! 네 하나님이 너를 인도하시리
낯선 손들이 더 이상 네 길을 방해하지 못하니
이는 그분의 손이 너를 보호하심이요
포로를 자유케 한 권능의 손이 너를 보호하심이라.

네 앞에 광야가 있느냐
건조하고 메마른 땅이 있느냐
하늘의 샘이 거기서 너를 회복시키고
하나님의 마르지 않는 시내가 너를 소생시키리라.

거룩한 빛이 네 앞길을 비추고
하나님이 친히 네 길을 밝히시니
비밀한 축복과 풍성한 물줄기가
영원한 날에 이르게 하네.

너의 영원한 기업이신 하나님이
전능자의 양식으로 너를 먹이시니
애굽의 고된 착취는 그쳤고
애굽의 식물은 더 이상 먹을 수 없음이라!

너는 애굽의 기뻐하는 것을 멀리 했는가?
은밀한 중에 계신 하나님이 너를 지키시리니
거기서 그분의 감추어진 보화가 드러나고
거기서 그분의 사랑의 다함없는 깊이가 밝혀지리라.

광야에서 하나님이 너를 가르치시니
네가 발견한 하나님은 어떤 분인가?
오래 참고, 은혜롭고, 강하고, 거룩하신 분이시니
그 모든 은혜가 거기서 충만하리라!

가나안의 안식으로의 여정은 계속되고
네가 궁핍과 두려움에 사로잡혔을 때
필요한 은혜가 위로부터 내려오나니
너는 자비의 샘을 맛보게 되리라.

네 길이 비록 멀고 외로울지라도
그분이 네 힘을 소성시키시니
헤지지 않은 옷과 부르트지 않은 발이
하나님이 네 길을 인도하셨음을 증거하리라!

하나님의 사랑이 네 발걸음을 이끌어
고대하던 가나안 복지에 이르게 하실 때
거기서 승리의 함성을 울리고
시온의 노래를 안식 중에 부르리라.

거기서, 결코 낯설지 않은 하나님이 너를 맞아 주시리라!
너는 그곳이 낯설지라도
하나님이 안식 중에 너를 맞으며
친숙한 사랑으로 너를 반가이 맞아 주시리라.

# 제 4장
# 친구와 동역자

존 넬슨 다비는 일반적인 의미에서 친구가 많지 않았다. 다비와 친구가 되는 것은 거의 불가능에 가까웠지만, 그의 탁월한 인품과 우리의 복스런 주님에 대한 열정적인 헌신이 유사한 마음을 가진 사람들의 관심을 끌었다. 어떤 이들은 다비에게서 뿜어져 나온 그리스도의 향기와 다비의 가르침 속에 배어있는 그 신선한 가르침에 한 동안 매료되었으나, 세상을 부인하고 또 그 교훈을 순종의 삶으로 이어지게 하는데에는 실패했다. 다비의 친구 또는 동료로 꼽을 만한 사람이 일곱 있는데, 그 수효 자체엔 아무 의미가 없다는 것을 밝혀둔다.

프랜시스 윌리엄 뉴먼 교수Professor Francis William Newman(1805-1897), 벤자민 윌스 뉴턴Benjamin Wills Newton(1807-1899), J. C. 필포트J. C. Philpot(1802-1869), 에드워드 크로닌 박사Dr. Edward Cronin(1801-1882), 조지 V. 위그램George V. Wigram(1805-1898), 조지 뮬러George Muller(1805-1898), 윌리엄 켈리William Kelly(1821-1906)

등이 한때 다비의 친구였거나 또는 그와 매우 가까이 지내던 지인(知人)들이었다.

다비에 대해 붓을 든 거의 대부분 작가들은 존 넬슨 다비에 대한 뉴먼 교수의 놀라운 묘사와 칭찬을 인용할 필요를 느꼈다. 어떤 이들은 그 글이 인용된 「믿음의 단계들Phases of Faith」이란 유명한 책을 쓸 때 뉴먼의 생각을 지배했던 견해 때문에, 그 글의 가치가 높아졌다고 생각할 것이다.

(추기경 뉴먼의 동생이었던) 프랜시스 윌리암 뉴먼은 일찍부터 다비와 친분이 있었으나, 슬프게도 초기 가르침에서 멀리 떠나고 말았다. 그는 옥스퍼드 대학을 우수한 성적으로 졸업했고, 고등 변호사인 펜파더Pennefather의 집의 가정교사가 되었다. 거기서 그는 다리를 다쳐 요양 중에 있던 다비를 만나 자주 친분을 나눴다. 그러나 머지않아 A. N. 그로브스 일행과 함께 얼마간 동부 선교여행을 다녀온 후 영국에 돌아가서는, 다비와 개인적인 친분이 약화되자마자 일종의 회의론 내지 이신론(理神論)에 빠졌다. 그는 다비와 친분을 나누던 초기 시절을 이렇게 회상했다.

"나는 학위를 받은 후 발리올 대학의 특별회원이 되었습니다. 그리고 다음해에 아일랜드로 오라는 초청을 받아, 거기서 지금은 고인이 된, 기꺼이 존경과 사랑을 표하고픈 펜파더의 집에서 15개월간 가정교사로 있었습니다. 펜파더 씨는 나에게 사례비를 넉넉히 주고, 나를 아버지나 친형처럼 대해주고, 마치 가족의 일원처럼 느끼게 해주었습니다. 그의 탁월한 재능과 전문가적인 식견과 고결한 성품 및 꾸밈없는 경건은 나로 하여금 기꺼이 그를 나의 훌륭한 조언자로 삼기에 충분했습니다. 그러나 그는 그렇게 하기엔 너무 온유하고 겸손하고 조용했습니다. 그는 오히려 어린 사람들에게 배우는 자세를 취했으며, 내가 이제 설명하려는 이의 발 아래 앉았습니다. 그 사람은 펜파더의 젊은 친척으로, 곧 나에게 지대한 영향을 끼친 괄목할만한 사람이었습니다. 이후로는 그를 '아일랜드 성직자The Irish Clergyman' 라고 부르겠습니다. 그의 몸은 정말 약해보였습니다[32]. 푹 패인 뺨에 붉게 충열된 눈, 목발을 의지하는 절음발이에다 거의 다듬지 않은 수염에 남루한 외투, 그리고 응접실에서 처음 만나면 놀라움과 함께 동정심을 불러일으키는 그런 모습이었습니다. 어떤 사람은 그를 처음 보고 거지로 알고 동전을 건네주었다는 얘기도 있습니다. 사실이 아닐지는 모르나 꽤 신빙성 있는 이야기입니다."

"이 젊은이는 더블린 대학 법학과를 우수한 성적으로 졸업했으며, 변호사 과정을 이수했고, 또 명성 있는 친척의 후원을 받고 있던 터라 그야말로 전도가 유망했습니다. 그러나 그의 양심이 변호사의 길을 허락지 않았습니다. 정의(正義)를 무너뜨리는데 자신의 재능을 팔고 싶지 않았던 것입니다. 그는 날카로운 논리와 따뜻한 동정심과 확고한 사리 판단과 사려 깊은 부드러움과 철저한 자기 부인을 두루 갖추었습니다. 그는 머지않아 성직을 수여받고 아일랜

---

[32] 그가 받은 강렬한 인상에도 불구하고, 다비가 사고를 당한 일에서 회복되고 또 충분히 육체의 기력을 회복했을 때 그는 다시금 건장한 체구와 보통 사람 보다 큰 키의 모습으로 돌아왔다. 나이 먹고 또 머리카락도 거의 희게 되었을 때, 그는 몇 번의 집회를 가진 후 이 땅에 있는 일시적인 장막집이 무너지는 것이 무엇인지 뼈저리게 느낄 수 있었다. 한편 그는 재발되는 시력문제 때문에 어려움을 당했는데, 그는 종종 자신이 쓴 편지에 이 일을 언급했다(Weremchuk, 53쪽과 157쪽을 보라.)

드 위클로우 산지 마을의 교구 목사로 부임하여 지칠 줄 모르는 열정으로 목회에 임했습니다[33]. 그는 매일 저녁 산을 넘고 물을 건너, 습지를 지나면서 집집마다 찾아다니며 하나님의 말씀을 전하는 일을 했고, 한밤중이 지나기 전에 집에 돌아오는 경우는 거의 없었습니다. 그렇게 모진 수고를 하는 동안 기력이 떨어지고 다리에 무리가 와서 절뚝거리는 증상 이상의 심각한 문제가 우려되었습니다. 그는 의도적으로 금식하지는 않았지만, (사실 그는 자주 금식을 했습니다만, 드러내거나 영향력을 떨치기 위한 것이 아니었습니다) 산골 마을을 걸어 다니며 오랫동안 가난한 사람들을 대상으로 일한 까닭에 극심한 궁핍상태에 시달려야 했습니다. 게다가 그는 아무 음식이나(입에 맞지도 않고, 종종 소화도 안되는) 주는 대로 먹었기 때문에, 트랍 대수도원의 승려처럼 몰골이 바짝 야위었습니다[34].”

"그런 모습은 가난한 가톨릭교도들에게 강한 인상을 주었으며, 그들은 그를 옛 성인 같은 진짜 '성자saint'로 여겼습니다. 그들은 자신을 전혀 돌아보지 않는 희생적인 삶과, 세상적인 허세가 전혀 없는 진실함과, 그들의 모든 궁핍에 참여하는 그의 그런 모습에서 하늘의 표식을 뚜렷이 보는 듯 했습니다. 머지않아 나는, 그런 사람 열두 명이 모든 아일랜드 사람을 개신교로 회심시키는데 영국 국교회 전체 조직보다 더 많은 기여를 할 것이라고 확신하게 되었습니

---

[33] 다비는 이렇게 썼다. "가난한 사람들을 돌보십시오. 그들은 부자들보다는 자신들이 확신하고 있는 바에 진실한 경우가 더 많습니다. 그들이 흩어진다면 그들을 찾아나서는 수고를 아끼지 마십시오." (1869년 2월 20일 서신)

[34] 트라피스트회Trappists는 시토 수도회 수사들 가운데서 가장 엄격한 분파로서, 1664년 노르망디, 솔리니 근처 라 트랍 수도원의 수도원장이었던 아르망 장 뒤에 보틸리에Armand Jean de Bouthillier에 의해서 설립되었다.

다. 처음에는 유별나게 티를 내는 듯한 그의 그런 형편없는 몰골이 좀 언짢아 보였으나, 곧 나는, 다른 방법으로는 빈곤층에 접근할 수 없었다는 것과, 그리고 그것이 금욕주의나 허세를 부리기 위한 것이 아니라 그만큼 철저히 자기를 부인한 결과였다는 것을 알게 되었습니다. 그는 사실상 성경 외에는 다른 책을 읽는 것을 이미 포기한 상태였습니다. 그리고 사람들이 다른 공부에 몰두하는 걸 한사코 만류했습니다. 사실 나 역시 그 한 권의 책을 연구하는데 점점 집중하게 되었지만, 여전히 교육을 통해서 지성이 계발되는 가치를 무시할 수는 없었습니다. 나의 이 까다로운 새 친구는 (그 자신은 교육의 혜택을 적지 않게 누려왔으면서도) 나의 그런 견해를 신랄히 공격했습니다."

"한번은 내가 이렇게 말을 건네었습니다. '물론 부자가 되려는건 잘못된 생각입니다. 하지만 내가 자녀를 둔 아버지라면 아이들에게 좋은 교육을 시킬 정도의 부(富)는 갖춰야 한다고 생각합니다.' 그러자 그가 대답했습니다. '만일 내게 자녀가 있다면, 그 애들이 복음과 하나님의 은혜를 깨닫도록 이끌어줄 수 만 있다면 하루 빨리 그 애들을 거리로 내보내 막노동이든 뭐든 다 할 수 있게 할 겁니다.' 난 그 말에 아멘 할 수 없었지만, 한결같은 그의 일관성에 감복하지 않을 수 없었습니다. 예나 지금이나 언제든지, 그는 항상 적절히 인용하고 논리적으로 무게를 실은 성경말씀에 근거해서 말했습니다. 그는 나로 하여금, 경제학이나 철학이나 과학이나 그밖에 '그리스도 예수 우리 주를 아는 지식의 고상함 때문에 배설물로 여겨야 마땅한' 모든 것을 점점 더 부끄러워하게 만들었습니다. 내 생애에 처음으로, 나는 사람들이 입술로만 고백하는 원리들을 그대로 실천하는데 열심을 다하는 사람을 보았던 것입니다."

"나는 그처럼 신약성경의 한 마디도 그저 죽은 문자로 남겨두지 않는 확고한 믿음의 사람을 일찍이 본적이 없었습니다. 한번은 내가 이렇게 말했습니다. '당신은 정말 신약성경의 어떤 부분도 목적에 있어서 일시적일 수 없다고 생각하시나요? 가령, 만일 사도 바울이 '네가 올 때에 내가 드보아 가보의 집에 둔 겉옷을 가지고 오고 또 책은 특별히 가죽 종이에 쓴 것을 가져오라' 란 말을 적지 않았다면 과연 우리는 어떤 손실을 당했을까요?' 그러자 그가 말이 떨어지기 무섭게 맞받아쳤습니다. '물론 큰 손실을 당했을 겁니다. 왜냐하면 바로 그 구절 덕분에 내 조그만 서재를 팔아치우지 않게 되었거든요. 그렇습니다. 모든 말씀은 필연코 성령으로부터 온 것이고, 영원한 봉사를 하고 있습니다.' 그 탁월한 사람의 몇 가지 유별난 점에 대해 강한 반발을 느꼈음에도 불구하고, 나는 생애 처음으로 월등히 앞선 사람의 지배 아래 있는 나 자신을 발견했습니다. 나는 아버지뻘 되는 원숙하고 경험 많은 사람들도 그 사람 앞에서 고개를 숙였던 일을 기억합니다. 그가 나를 어떻게 사로잡았는지를 돌아보면 그저 놀라울 뿐입니다."

(에베소서 3장에 있는) 사도 바울의 기도조차도 에베소 교회를 처음 사랑을 잃지 않도록 보호하지 못했듯이, 다비의 강력한 영향도 뉴먼을 불가지론Agnosticism의 어두움에 빠져 들어가는 것을 막지 못했다.

그러나 우리는 뉴먼을 그의 하나님께 맡기고 또 다른 괄목할 인물을 간략히 살펴보아야 한다. 이 사람도 한 때 펜파더의 가정 교사였던 옥스퍼드 특별회원 필포트J. C. Philpot이다. 그가 다비를 알게 된 것은 다비가 7년간의 깊은 번민에서 빠져나옴으로써 하나님과의 완전한 평화를 찾게 된 후였다. 필포트는 극단적인 칼빈주의 침례교에 속한 까닭에 다비의 영혼의 시련은 높이 평가했지만, 그 후에 그의 영혼이 얻게 된 기쁨은 제대로 평가하지 않았다. 그러나 그는 「질그릇Earhen Vessel」에서, "다비는 재물을 나눠주는데 관대했고, 순교자의 용기 이상을 소유했다"고 증거했다.

벤자민 윌스 뉴턴Benjamin Wills Newton과 J. N. 다비는 1830년 옥스퍼드에서 처음 만났는데, 거기서 뉴턴은 엑스터 대학의 특별회원이었다. 뉴턴의 성격에 대해 스펄전C. H. Spurgeon(1832-1892)은 "실질적으로나 정신적으로, 뉴턴은 다비파에서 멀리 떠나 있었다"는 의미심장한 말을 남겼다. 그는 진지하고 냉철한 태도를 가진 학구적인 사람이었고, 특히 돈도 많고 시간도 많은 사람들에게 상당한 영향력을 끼치는 사람이었다. 그는 플리머스의 프로비던스 교회의 초창기 일꾼들 중 한 사람이었으나, 처음부터 혼자 있기를 선호했고 다른 일꾼 형제들과 거리를 두고 있었다. 성경읽기 모임을 인도해도 그는 다른 일꾼 형제들이 참석하지 못하게 했는데, "교사의 권위가 의문시되면 교사에 대한 신뢰심이 흔들리게 되고, 그렇게 되면 가르치는 일에 큰 지장이 온다"라는 것이 그 이유였다.

이에 대해 다비는 이렇게 말했다.

"나는 그렇게 고립되고 혼자 행동하기를 좋아하고 자기만의 추종자를 거느리는 모습을 슬퍼했습니다. 나는 어떤 다른 동기가 있다고 의심치 않았고, 누구나 범하는 실수로 받아들이고 참았습니다. 나는 형제들 없이 행동하는 그런 일을 해오지 않았습니다. 형제들을 통해서 내 견해를 교정 받고 또 형제들의 견해를 배우는 일을 기쁘게 해오고 있습니다. 나의 견해는 형제들 가운데 있고, 나는 내 견해를 늘 형제들에게 맡겼습니다."

클리프톤 교회의 어느 집회에서 뉴턴은 다비에게 말씀 사역에 관해 말하면서 자신의 원칙이 바뀌었다고 말했다. 그래서 다비는 이렇게 대답했다고 한다. "나의 원칙은 바뀌지 않았으며, 나는 주님의 가르침으로부터 그것을 받았다고 확신합니다. 그리고 그분의 은혜를 의지하며 끝까지 원칙을 지킬 것입니다." 이런 사실들을 살펴볼 때, 우리는 앞서 인용한 스펄전의 말이 정곡을 찌르는 말이란 것을 알 수 있다.

훗날 뉴턴은 특이한 이단교리를 발전시켰다. 즉 회심하지 않은 이스라엘 백성의 경험을 그런 상태에 빠진 미래의 유대인 남은 자를 동정하기 위해서 그리스도에게 적용시키는 어리석음을 범했는데, 이는 지나친 예언적인 사색에 빠진 결과인 듯하다. 에드워드 어빙Edward Irving(1792-1834)[35]의 오류에 저항하다가 뉴턴 자신이 교묘하고도 새로이 수정된 어빙주의에 빠졌다는 것은 참 아이러니한 일이다.

그러나 앞의 두 사람과 아주 다른 사람들이 있었다. 다비보다 먼저 그리스도인의 사역의 자유를 배운 사람이 있었는데, 희미하고도

---

35) 가톨릭 사도 교회의 설립자

지극히 단순하게 깨달은 이로 (나중에 캔터베리에서 의학박사 된) 에드워드 크로닌Edward Cronin이란 사람이 있었다. 로마 가톨릭 가정에서 태어난 그는 일찍이 자원해서 주교로부터 엄격한 훈련을 받았다. 한번은 크로닌이 개신교 성경을 읽는 것을 보고 그 가톨릭 주교가 즉석에서 크로닌을 엄하게 꾸짖게 되었는데, 그 일이 계기가 되어 크로닌은 결국 가톨릭 교회를 떠나게 되었다. 그는 의학을 공부하러 더블린에 건너가서 거기서 성경을 연구하다가, 기독교계가 아주 잘못되었음을 깨닫고 그 자신은 어느 분파에도 속하기를 완강히 거절했다. 그는 얼마간 독립교회 신도들the Independents로부터 주의 이름으로 성찬식에 참여하도록 허락을 받았으나, 나머지 교회처럼 그들 교회의 "회원"이 되기를 거절한 까닭에 제명을 당했다. 얼마 후 하나님께서 그에게 단순한 그리스도인의 입장을 취할 수 있는 길을 열어주셨다. 그는 오늘날까지 많은 사람들에게 존경을 받고 있다. 오랫동안 주님과 그분의 백성들에게 헌신과 충성을 다한 후에 1882년, 그는 그토록 헌신적으로 사랑하고 섬긴 주님과 함께 있기 위해 세상을 떠나갔다. 그의 마지막 순간은 평화롭기 그지없었고, 그의 입술에선 주의 이름이 떠나지 않았다. 그는 이러한 잘 알려진 시구를 남겼다.

영광과 존귀와 찬양과 권세를
어린양께 세세토록 돌릴지어다!
예수 그리스도는 나의 구주!
할렐루야! 주님을 찬양하세.

다비의 동역자이자 절친한 친구인 G. V. 위그램은 다비가 옥스퍼드를 방문하던 1831년에 그곳에서 다비를 처음 만났다. 위그램은 유명한 저자나 설교자는 아니었으나 남다른 영성과 헌신으로 잘 알려진 사람이었다. 그는 그리스도를 위한 일에 결단력 있는 실행과 그분의 양떼에 대한 사랑, 게다가 높은 도덕성으로 인해서, 다비의 주변 인물들 가운데 빼놓을 수 없는 위치를 차지하고 있다. 그의 주요 저서로는 「영어를 사용하는 사람들을 위한 히브리어와 갈대아어 구약 성구사전The Englishman's Hebrew and Chaldee Concordance to the Old Testament」과 「헬라어 신약 성구사전」이 있다.

한 동안 존 넬슨 다비와 동역자로 지낸 또 한 사람은 브리스톨의 조지 뮬러George Muller였다. 우리는 조지 뮬러가 "우리 형제 존 다비를 통해 두 스위스 형제들이 진리의 길을 보다 완전하게 알게 되었습니다"라고 적은 것과 1843-44년 겨울에는 그의 편지에서 이런 글을 볼 수 있다. "우리 가운데 스위스에 있는 어느 한 형제는 존경하는 존 다비를 통해 하나님의 도를 보다 완전하게 알게 되었습니다." 이것은 그 기간에 뮬러가 다비와 교제를 가졌으며, 다비의 사역을 높이 평가하고 있었음을 보여준다. 그런 관계가 지속되었다면 얼마나 좋았을까! 그러나 슬프게도, 역사는 세속 영역에서만이 아니라 교회 영역에서도 되풀이 되는 것을 볼 수 있다. 성경을 보면 베드로가 책망들을 일을 한 까닭에, 이렇게 표현하는 것이 가능하다면, 바울은 베드로를 대면하여 책망하는 말을 했다. 사도 시대에는 누가 잘못했는지가 명확했다. 그리고 만일 그리스도와 그분의 영예만이 그 종들의 삶에서 동일하게 가장 중요한 요소였다면, 그런 슬픈 장면은 최초에 안디옥에서나, 19세기의 브리스톨에서나 벌어지지 않았을 것이다.

다비는 1849년 7월 조지 뮬러를 마지막으로 만났으며, 그 후로 두 사람은 이 땅에서 다시는 만나지 않았다.

존 넬슨 다비의 친구 중 가장 위대한 사람은 좀 나중에 등장하는데, 그는 다비와 거의 같은 마음을 가진 사람이었고, 동일한 하나님의 학교에서 하나님의 가르침을 받은 사람이었다. 그는 바로 런던 블랙히쓰Blackheath의 윌리암 켈리William Kelly였다. 존 넬슨 다비의 가르침과 실행 가운데 으뜸 되는 모든 것이 윌리암 켈리를 통해서 최고의 해설과 지지를 발견할 수 있다[36].

켈리는 스펄전이 주석서를 쓰면서 자주 인용했던 한 사람으로, 스펄전은 그의 「주해와 강해Commenting and Commentaries」에서 켈리에 대해 이렇게 표현했다.

"정통 플리머스the exclusive Plymouth 형제단의 주도적인 학자."
"때로 훌륭한 강해를 하지만 늘 자신이 속한 형제단 학파의 독특한 교리로 나간, 형제단 교회의 탁월한 신학자."
"켈리와 같은 사람이 편협한 분리주의의 울타리 안에 갇혔다는 건 참 아쉬운 일입니다."
"그처럼 탁월한 사람의 뛰어난 지성이 그렇게 왜곡되었다는 건 정말 유감입니다."
"그는 우주를 위해 태어났으나, 다비주의에 의해 그 마음이 좁아졌습니다."

---

36) 아일랜드 성자이자 학자인 윌리암 켈리 자서전(Chapter Two 출판사, E Cross 저)이란 책을 보라.

켈리는 다비의 절친한 동역자였으며, 「다비 성경주석 시리즈 Synopsis of the Bible」를 개정한 외에도 영어, 프랑스어, 독일어, 네덜란드어, 이태리어로 된 다비의 3,40여권의 저술을 편집했다. 그러나 켈리는 그 탁월한 친구를 맹목적으로 추종하거나, 그의 모든 교회적인 처신을 인정한 것은 아니었다. 그리고 거의 25년 동안 동거동락했던 이 두 사람 중 누가 더 훌륭했는지 단정하기는 극히 어렵다.

다비의 성품 가운데 한 가지 특징은, 직접 겪어본 사람 외에는 대부분 알지 못할 뿐만 아니라 거의 알려지지 않았고 또 거의 간과되고 있는 것이 있는데, 그것은 그의 놀라운 관대함이었다. 그런 그의 관대함은 초기엔 필포트Philpot를 놀라게 했고 후기엔 켈리Kelly를 놀라게 했다. (이 이야기는 켈리가 직접 나에게 말해주었습니다.) 그는 순전히 교회적인 교훈을 강조할 때처럼 성경의 실제적인 교훈을 자신에게 적용하는 일도 부지런히 했다. 그는 자선 사업가는 아니었으나, 가난한 형제들의 경제적인 필요와 영적인 필요 모두를 돌보는데 놀랍도록 사려 깊었다.

다비는 한번 만나본 사람들의 이름과 얼굴을 기억하는 능력이 뛰어났으며, 이 일로 종종 사람들을 놀라게 했다. 그는 솔직한 사람들의 마음 속에 있는 무지(無知)를 용납하고 참아주는 인내심과 그 때 그 때 상황에 맞게 튀어나오는 기치(旗幟), 남성다운 기개와 진심어린 동정으로 인해 많은 사람들, 특히 가난한 계층의 사람들로부터 사랑을 받았다. 어떤 가난한 사람이 영국에서 생계가 힘들어서 미국에 생활 터전을 잡고자 했지만 자금이 부족해서 이주하지 못하고 있었다. 그 소식이 다비에게 전해지자, 그는 사실을 확인한 후 그에게 이민 수속에 필요한 비용에 쓰라며 그 자리에서 수표를 끊어 주었다. 그런데 얼마 지나지 않아 그 사람의 형편이 풀려서 영국에 계속 머물게 되었다. 그가 그 수표를 돌려주자 다비는 이렇게 말했다. "그래서 안 가신다구요? 나중에라도 필요하면 다시 오세요." 이러한 모습이 다비에게서 두드러지게 나타났는데, 사실 이는 "섬김을 받기 위해서가 아니라 도리어 섬기러 오신" 그분을 좇는 모든 이들에게서 특징적으로 나타나야 하는 실제적인 기독교 영성의 한 사례에 불과할 뿐이다.

니트비는 「플리머스 형제단의 역사History of the Plymouth Brethren」37)에서 이렇게 말한다.

"다비는 교회적인 분쟁에 있어서는 냉혹했을지 몰라도 다른 때는 매우 온유하고 동정심이 많았습니다. 그는 말씀을 전하다가도 종종 큼직한 외투를 둘둘 말아서, 옆에서 잠든 아이가 베개도 없이 자는 모습이 안쓰러워서 그 머리에 베어주곤 했습니다. 제가 들은 이야기에 따르면, 언젠가 항해 중에 보채는 아이를 팔에 안고 밤새 갑판에서 서성였다고 하는데, 그 이유가 지치고 곤한 아이 엄마에게 휴식을 주기 위해서였다고 합니다. 아마도 그 아이 외에도 많은 아이들이 그의 품에 안겼을 것입니다. 그런 일이 매우 흥미로운 것은, 다비는 결혼한 적이 없다는 사실 때문입니다. 그의 고독한 심령 속에 깊이 숨겨진 부드러움이 이렇게 분출되어 나오는 것을 보았기

---

37) 윌리암 켈리가 주석을 달았던 이 책의 사본은 매우 귀중한 자료다. 이 책은 출간 전에 출판사 사무실에 감수하는 과정을 거쳤다. 주석들은 터너W G Turner가 너무 가혹하지 않게 글을 쓰려고 노력했음을 보여준다.

때문에, 사람들이 그에게 그토록 충성한 것은 아닐까요?"

사람들이 그를 사랑한 것은 결코 놀라운 일이 아니었다.

다비와 그의 친구들과 동역자들

# 제 5장
# 다비의 인품과 그가 고수했던 원칙들

"눈에 띄지 않게 섬기고,
보이지 않게 일하는 것이야말로 진정한 위대함이다."
by JND

　　옛날의 은둔자의 삶에 가까운 그의 단순하고 소박한 삶을 보고, 어떤 이들은 다비가 교회적인 명성을 꿈꾸고 또 사람들의 영혼에 영향력을 떨치려는 야심을 품었다고 주장했다. 은둔주의와 경건주의에는 사람들의 마음을 강하게 사로잡는 요소가 있었고, 파렴치한 종교지도자들은 자기 자신의 영달을 위해 인간의 그러한 약점을 여지없이 이용해왔다. 그러나 다비의 삶을 돌아보면 얻은 것은 하나도 없고 오히려 잃은 것뿐이다. 그는 대법관이나 아니면 주교직에 오를 수도 있었지만, 그리스도를 위해 받는 능욕을 더 큰 재물로 여기고 겸손한 섬김의 길을 가기를 기뻐했다.

　　"만일 그가 그리스도의 영광보다는 자기 자신의 명성을 빛낼 목적으로 사람들을 끌어 모으려한 야심가였다면, 그는 뉴턴과 타협을 했을 것이며, 그리하여 그 후에 이어진 분열에서 형제단을 건져냈을 것이다. 그러나 만일 그가 그렇게 했다면, 그는 참 그리스도인의 눈에 비열한 사람으로 비쳤을 것이다. 만일, 그리스도의 이름과 말씀에 충실하지 않다는 이유로 교파에서 나온 후에, 그가 주님의 이름을 심각하게 훼손한 뉴턴과 그가 속한 무리와 손을 잡았다면, 그는 가장 모순된 사람이요 가장 위선적인 사람이었을 것이다. 그러나 존 넬슨 다비는 그런 사람이 아니었다. 그와는 반대로, '신성모독적인 이단설'에 빠진 뉴턴을 플리머스 엡링톤 가(街)에 있는 교회에서 쫓아낼 수 없음을 보고, 다비는 그 자신이 거기서 나와 영혼들을 구령하기 위한 선교 여행을 떠났다. 라이드 박사Dr. Reid는 '그것에 (즉 자신이 그곳을 떠나는 것으로) 만족치 않고, 그는 각 처의 형제단 교회를 향해 뉴턴과의 모든 교제를 단절할 것을 촉구했다'고 불평한다. 하지만 다비의 행동이 옳았다. 그는 성도였지, 위선자가 아니었다. 그는 그리스도의 승리자였지 겁쟁이가 아니었다. 물론 '형제단'으로 불린 사람들 가운데 많은 사람들이 다비의 요청과 본을 좇았다. 왜냐하면 그들 모두가 배도자는 아니었기 때문이다. 이와 같이 참 그리스도께서 플리머스의 영문 밖으로 쫓겨나실 때 신실한 남은 자들이 그리스도를 좇아 나왔다. 그들은 뉴턴이 주장하는 거짓 그리스도를 지지하는 신실치 못한 형제들과 함께 예배하고 교제하기를 거절했다. 이것이 소위 첫째가는 다비의 허물이었다. 만일 그의 전 생애가 이 사건과 시종일관 연관이 있다면 (우리는 그것을 의심할 하등의 이유가 없다), 그렇다면 우리는 안심하고서 그를 가장 고결하고 순결한 성도로 부르는 것이 옳다. 그는 그 자신에 의해 처음 형성된 무리 가운데서, 그것도 외형적으로 매우 번성하고 형통해 보일 때에 이단 사설에 직면했다. 그리고 한때 그를 몹시 사랑했던 형제들에게서 악평과 비난과 손가락질을 당했지만, 그는 처음 시작할 때처럼 여전히 그리스도를 위해 받는 능욕을 애굽의 보화보다 더 큰 재물로 여겼다. 세상은 그런 사람에게 비난을 퍼부을 수 있다. 분파주의자들은 그를 쓰러뜨리기 위해 독설을 쏟아낼 수 있다. 위선자들과 거짓말쟁이들은 그를 악(惡)의 화신으로 몰아세울 수 있다. 그러나 우리는 마음 깊은 데부터 그를 십자가의 참 군사로 높이고 존경하지 않을 수 없다[38]."

다비와 그의 동료들에 관한 역사적인 사실을 적는 것은 비교적 쉬운 반면에, 그의 인품을 묘사하는 것은 전혀 다른 문제다. 여러 측면이 있기 때문이다. 그리스도의 위격과 사역을 공격하거나 또는 하나님 말씀의 기반을 허물려는 모든 시도에 대해서는 사자처럼 위엄이 있었으나, 연구와 집필에 몰두하는 중에 틈틈이 시간을 내서 날마다 정기적으로 가난한 사람들을 심방할 때는 어린아이처럼 순전했다. 이런 점에서 N교수(니트비)의 평가는 다소 미흡했다. 다비는 단순히 성경의 문자적인 해석에 집착하지 않았고, 영감 받은 성경 본문과 그 해석과 연관된 모든 것을 연구하는 일에 근면했을 뿐만 아니라, 성경과 영혼에 관계된 모든 문제들은 좋은 것이든 나쁜 것이든, 고대의 것이든 중세의 것이든 현대의 것이든, 그리고 국내의 것이든 국외의 것이든 샅샅이 연구했다. 사실 그는 칸트의 이론을 혐오했으나, 아마도 영국인 가운데 난해한 문체로 집필된 칸트의 모든 저서를 다비만큼 잘 아는 사람은 찾기 어려울 정도였다. 다비의 성격상 단순함은 감명과 교훈을 주었다. 한 연로한 그리스도인 여성이 이슬링톤에 모이는 성도들과 함께 하기를 원했기 때문에 그녀를 찾아갔다. 처음에 몇몇 젊은 사역자들이 찾아갔을 때, 그녀

---

[38] 1877년판 Southern Review에서 발췌, 표현을 약간 완화했는데, 곧 "영웅"을 성도로 바꾸었다.

는 그들의 박식한 말이 어려워 알아들을 수 없었다. 그런데 한 친근하게 생긴 나이든 사람이 심방을 왔는데, 그녀는 아주 편안하게 대화할 수 있었다. "그는 아주 쉽게 말하더라구요"라고 그녀는 회상했다. 그가 다비였다. 그는 사람들이 그의 겉모습만을 보고 생각하는 엄격함과는 거리가 멀었고, 오히려 젊은이들과는 비교되지 않을 정도로 다정다감했다. 또한 그는 그와 동일한 믿음을 소유한 옛 동료들과의 관계를 소중하게 지켜나갔다. 비록 그들이 자신이 싫어하는 편협함과 파벌의식에 젖어있을 때에도 그러했다.

그는 코펜하겐 전투에서 자신의 대부처럼 시력을 잃은 눈을 재치있는 말로 바꿀 수도 있었다[39]. 즉 좋지 않은 얘기들은 못들은 체할 수도 있었다. 그러나 그는 자신이 신뢰하는 사람들이 경솔하고 이기적인 마음으로 퍼트리는 좋지 않은 얘기들에 쉽게 귀 기울였다. 이처럼 위험하기 짝이 없는 그의 쉽게 믿는 경향은 나이가 들수록 심해졌다. 한번은 그렇게 언행이 경솔한 한 사역자가 그에게서 엄한 꾸중을 듣고 "제가 참 어리석었습니다"라고 편지를 하자, 다비는 곧이곧대로 믿고 즉시 태도를 바꾸었는데, 이로써 그는 여지껏 저지른 실수 중 가장 큰 실수를 범하고 말았다. 전혀 흠이 없고 온전한 균형을 유지한 성품의 소유자는 이제껏 한 분 밖에 없다. 그 분은 하나님의 아들이셨다. 아무리 헌신적이고 탁월한 그리스도의 종이라 할지라도 주인되신 그리스도 그분과는 비교할 수 있는 사람은 없다. 하나님께 감사하게도 우리는 그분을 믿음과 소망과 사랑

---

[39] 1802년 4월 2일 코펜하겐 전투에서 호라티오 넬슨 해군 중장은 시력을 잃은 눈에 망원경을 갖다 대면서 이렇게 말했다. "나에겐 눈이 하나 밖에 없는데, 시력을 잃을 권리도 하나 남았다. 그런데 이젠 망원경도 볼 수 없도다."

의 목표로 모시고 있다.

글래스고우에서 펴낸, 「안식일 문제: 율법이 죽었는가 내가 죽었는가?The Sabbath: is the Law dead or am I?」란 소책자를 보면, 우리는 다비 자신의 말에서 그의 성품의 일면을 엿볼 수 있다.

"나는 가난한 자들을 사랑하고, 그들을 꺼리는 마음이 없으며, 대부분 시간을 기꺼이 그들과 함께 기쁘게 보내고 있습니다. 처음 그런 삶을 시작했을 때는 본성적으로 잘 교육받은 사람들과의 교제에서 어느 정도 만족을 느꼈고 또 그것은 당연했습니다. 그러나 지금은, 만일 영적으로 깨어있고 그리스도로 충만한 어떤 사람을 만난다면 나는 원칙적으로나 습관적으로나, 높은 지위에 있고 또 많이 배운 사람보다 그런 사람을 택할 것입니다. 나머지 사람들은 나에겐 별 차이가 없기 때문입니다. 높은 지위에 있거나 많이 배운 사람들은 사회에 잘 적응하기 위해서 말을 아끼고 또 자신을 포장하기 쉽습니다. 그들은 자신들 주변에 담을 쌓고 있습니다. 나는 일반적으로 가난한 사람들의 옳고 그름에 대한 판단을 부유한 사람들의 판단보다 더 중시합니다. 함께 하는 일과 성품의 중요성을 간과하는 부자는 다른 사람을 배려하는 마음이 없다시피 하고, 다른 사람에게 베풀어진 은혜에 대해 시기심이 쉽게 발동하지만, 가난한 사람들은 종종 매우 친절하고 서로에 대해 사려 깊습니다. 결국 우리 모든 믿는 자들은 그리스도 예수 안에서 하나이며, 하나님의 말씀이 우리 모두를 함께 안내하고 인도하는 일을 하고 있습니다. 모든 그리스도인은 마땅히 존경할만한 자를 존경하는 것이 옳지만, 하나님은 가난한 자들을 사랑하고 돌보십니다. 급진주의적인 정신은 경계해야만 한다는 이유로, 우리는 하나님의 권위를 인간의 기호(嗜好, wishes)에 맞추고 싶어 하는 인본주의적인 경향에 얼마나 많은 공감을 하고 있는 모릅니다."

"이러한 행태는 도덕적으로 매우 낮은 수준에 있기 때문에 나타나는 현상입니다. 만일 국회에서 일요일에 런던의 공원 문을 닫자는 (환자용 문은 열어놓고 보행자용 문만 닫자는) 제안이 발의된다면, 나는 수정안으로 환자용 문은 닫고 보행자용은 열어놓자는 안을 내놓을 것입니다. (나는 그런 일들에 관여했습니다.) 왜냐하면 부자들은 매일 외출을 즐길 수 있고, 또 환자들은 공원 외에 다른 데서도 산책할 수 있기 때문입니다. 반면에 가난한 사람이 가족과 함께 휴식을 즐긴다는 건 큰 기쁨입니다. 나는 아버지가 자녀에게 애정을 나타내고 둘이 함께 행복해하는 모습을 보면 마음이 기쁩니다. 만일 주일이 그런 기쁨을 준다면 주일은 참으로 복된 날입니다. 가난한 사람들은 주중에 쉴 새 없이 일을 해야 하기 때문에 주일에 쉬기를 원할 것입니다. 그 날은 당연히 그들을 위한 날입니다. 같은 이유에서, 만일 내가 어떤 결정권이 있다면, (다행히도 난 그런 권한이 없으며 또 그런 권한을 가지고 싶은 마음도, 그것을 발휘해보고 마음도 없습니다) 주일에는 열차가 일절 다니지 못하게 할 것입니다. 그렇게 하면 주일에 놀러 다니는 사람에겐 청천벽력 같은 소식이 될 것이나, 저는 그렇게 하는 것이 옳다고 확신합니다."

"그러나 일요일 열차운행에 대해 말하자면, 나는 그것이 흔히 말하는 대로 사회의 기본 욕구를 채우는데 꼭 필요하다고는 믿지 않습니다. 그것은 단지 돈을 벌기 위한 수단일 뿐입니다. 만일 사회의 기본 욕구가 그것을 요구한다고 주장한다면, 부자가 되려고 서두르는 것과, 자기 마음대로 살려고 하는 것 외에 달리 어떤 기본 욕구가 있는지 묻고 싶습니다. 철도는 마음대로 여행할 수 있는 사람들의 욕구나 충족시켜 줄 뿐입니다. 만일 꼭 그래야 한다면 그들은 돈을 주고 마음대로 다닐 수 있습니다. 그러나 그들이 원하는 건 편리하게, 값싸게 다니는 것입니다. 이는 돈과 의지의 문제입니다. 그들은 예전처럼 자유롭게 여행할 수 있습니다. 나는 이런 일에 아무 관심 없으며 그들과 이런 일을 논할 마음도 없습니다. 이런 일에 관한 그리스도인들의 주장에 대해 나는 답변을 해야만 합니다. 그리고 나는 그런 식의 주장이나, 혹은 이런 것의 발전이 기독교를 발전시키는 바탕이 된다는 주장을 받아들이지도 않습니다. 그리스도인은 성경이 정한 본래 자기의 길을 발전시켜야지, 세상을 개선시키려 해서는 안됩니다. 세상이 발전한다 해도 그 속에서 얻을 수 있는 도덕적인 유익이란 존재하지 않습니다. 전보나 철도 같은 것들은 물론 대단히 편리한 것들입니다. 그러나 자녀들이 전보다 더 순종적이고, 사람들이 전보다 더 행복하며, 종들이 전보다 더 신실하고 헌신적이며, 가정과 가족들이 전보다 더욱 서로를 아끼고 사랑하는지요? 사람들 가운데 보다 신뢰가 증가되고, 상업상의 거래가 보다 정직해지고, 고용주와 고용인 사이가 보다 화목케 되었는지요? 모두 가슴에 손을 얹고 대답해봅시다. 돈을 벌 수 기회는 더욱 많아졌지만, 돈을 벌고 싶은 욕심 때문에 염려와 불안은 더욱 증가되었습니다. 물질은 더욱 풍요로워졌을지 몰라도, 사랑을 나누고 또 평안을 누리는 삶은 오히려 퇴보했습니다."

다비는 다양한 문제들에 대해 충언을 아끼지 않았고, 자유롭게 자신의 의견을 제시했다. 교회 예배에서 악기를 사용하는 문제에 대해서 한 친구는 다비에게 편지를 써서 그의 의견을 물었는데, 다비는 두 통의 편지에서 이에 대한 자신의 소신을 분명히 밝혔다. 1세기 전 교회에서 오르간을 사용하는 것은 주로 로마 가톨릭교회와 앵글리칸 교회에만 한정되어 있었다. 비국교도의 교회는 거의 대부분 오르간 사용을 반대했다. 스펄전이 목회했던 뉴잉톤에 있는 태버내클 교회는 이 문제에 대해서 놀라운 사례를 제공하고 있는데, 태버내클 교회는 오르간을 사용했지만, 그들의 하이랜드 교구에 속한 스코틀랜드인들은 오르간을 받아들이려고 하지 않았다. 게다가 카르투시오 수도원의 가톨릭 수도사들도 항상 오르간의 사용을 엄격하게 제한했는데, 그 이유는 인간의 목소리야말로 예배 찬송을 위한 최상의 악기이기 때문이라고 그 중 한 수도사가 필자에게 알려주었다. 누군가 하는 말을 들었는데, 이것은 16세기 고대의 수도원의 규칙을 따르는 것으로써, 한 번도 개혁된 적이 없다는 (카르투시오 수도원 창설자) 성 브루노의 초기 규칙St Bruno's original Rule을 엄격하게 준수하는 것을 의미하며, 따라서 예배 시 악기 사용을 반대하는 것을 가리켜 로마 가톨릭 수도원의 규칙을 따르는 "플리머스 형제단의 관습"이라고 일컬었다.

"친애하는 형제에게,
성경의 일상적인 규칙은, 사람이 부르심을 받은 그 자리에서 하나님을 섬기는 것입니다. 찬송을 받으실 주님은 공생애를 시작하실 때까지 목수였습니다. 그리고 바울은 장막을 만드는 사람tent-maker였고, 항상 자기 손으로 벌어서 경제적인 필요를 충족시켰습니다.
어떤 의미에선 모든 것이 나에겐 가합니다. 중요한 것은 마음의 동기입니다. 기독교는 심지어 죄가 득세하고 있을지라도, 세상 질서를 바꾸지 않습니다. 술 한 잔이 나름 유용한 면이 있기 때문에, 다른 사람들에게 걸림돌이 되지 않는다면, 나는 기꺼이 병자에게 그것을 건넬 수는 있지만, 그렇다고 본격적으로 술을 파는 일을 할 순 없습니다.

제자들은 세상에서 하나님을 대표하고, 하나님의 섭리를 이루고, 그리스도처럼 하나님에게서 자원을 끌어와 그들의 삶과 그들의 사역을 감당하도록 세상에서 선택을 받았습니다. 세상은 사탄에 의해서 설립된 거대한 시스템이며, 타락한 사람은 그 황폐화된 상태에 무감각하게 갇혀 있습니다(창 4:20-22). 주님은 우리를 세상에서 데려가시는 것이 아니라, 오직 악에 빠지지 않고 보전되기를 기도하셨습니다.

당신의 친구는 예배 시간에 울리는 오르간 반주 때문에 예배에 참여했다고 생각하고 있습니다. 오르간 소리를 듣기 전까지, 그는 자신이 예배에 적합지 않은 사람인 것을 생각해보았을까요? 이는 지성소에 들어가는데 필요한 담력을, 은혜를 통해서가 아니라 악기를 통해서 얻으려는 얄팍한 변명일 뿐입니다. 이것은 우리와 하나님 사이의 총체적인 관계의 본질을 낮추고, 조작하고, 유대교화 하는 일에 불과합니다.

영혼 회심에 대해서 생각해보면, 그리스도께서 복음을 통해서 제시될 때마다 영혼은 회심할 수 있습니다. 그렇지만 이것은 예배가 아니라 설교입니다. 그리스도인이 더욱 세상적인 사람으로 변해가는 것은 우리가 세상에 속했기 때문이 아니라 오히려 그 반대이기 때문입니다. 분명 사람은 세상의 영향을 받습니다. 그래서 사람들은 화려하게 꾸민 싸구려 술집에 갑니다. 퓨지주의자들은 그런 이유로 교회에서 그 일을 하도록 권장했습니다. 그래서 그들은 대부분 로마 가톨릭교회Popery에 매료당했습니다. 하나님께서 은혜 가운데 모든 실수들을 만회하게 해주실 것입니다. 하지만 그렇게 된 가장 확실한 이유는 세상의 매력이 은혜와 그리스도의 자리를 차지했기 때문입니다. 당신은 그리스도 또는 바울이 사람들을 끌어 모으기 위해서 악기나 악단을 사용했다는 말씀을 본 적이 있습니까? 그것을 사용하는 것은 기독교의 총체적인 특징을 현격하게 낮출 뿐입니다.

유대인들에게 주어진 땅에 속한 약속들은 직접 우리에게 적용되지는 않지만, 일반적으로 하나님의 신실하심과 사랑으로 돌보시는 돌봄은 우리에게도 적용되며, "내가 너를 떠나지 아니하며 버리지 아니하리라"는 말씀은 구약성경 뿐만 아니라 신약성경에도 사용되었습니다(신 31:6,8, 수 1:5, 히 13:5). 그리고 구약성경은 우리를 위하여, 말세를 만난 우리의 교훈을 위하여 기록되었는데, 이는 우리로 하여금 믿음으로 또는 성경의 위로로 소망을 가지게 하려는 것입니다. 베드로전서는 구속에 대해서 설명한 후에, 구약성경을 사용해서 지금 전개되고 있는 하나님의 섭리들을 논리적으로 설명하고 있습니다. 구약성경은 완성된 구속(救贖)사역이나 그리스도께서 지금 들어가 계신 영광에 대해서 말할 수 없었지만, 그럼에도 "그리스도 예수 안에 있는 믿음으로 말미암아 구원에 이르는 지혜"를 줄 수 있었습니다. 당신은 지상 백성인 유대인들에게 주어진 약속이 무엇인지 분별해야만 합니다. 그렇게 하는 것은 매우 중요합니다. 그럼에도 하나님 안에 있는 것, 즉 신실하심, 은혜, 사랑, 우리를 돌보심 등은 언제나 사실이고, 참된 것입니다. 우리는 그러한 것이 신약성경에 더욱 선명하게 드러나고 있음을 볼 수 있습니다. 따라서 "너희는 먼저 그의 나라와 그의 의를 구하라 그리하면 이 모든 것을 너희에게 더하시리라"(마 6:33)는 말씀을 볼 수 있습니다. 나는 기독교를 단순히 유대인의 약속정도로 축소시키는 것을 염려하지만, 하나님 안에 있는 것, 즉 그분의 성품은 항상 참이란 사실은 강조하고 싶습니다. 데살로니가후서 2장은 사람들이 자신들을 구원할 수 있는 진리의 사랑을 받지 않을 때, 그들은 결국 어둠 속으로 (그리스도께서 임하시는 그 때에) 들어가게 될 것을 보여줍니다."

"사랑하는 형제에게,
나는 형제님의 양심이 음악에 대해 바른 분별을 가지게 된 것을 감사하게 생각하고 있습니다. 나는 당신의 마음을 충분히 이해합니다. 우리 귀가 음악에 익숙해지면 질수록, 한 번도 들어본 일이 없는 음악이 나에게 엄청난 힘을 발휘하는 것을 보곤 합니다. 당신을 음악을 고수하는 사람으로 만들려는 사람들의 주장은 모두 잘못되었고, 사실이 아닙니다. 오르간을 고수하도록 당신을 독려하는 사람들은 결코 그리스도를 위해서 그리하는 것이 아닙니다. 그것은 분명합니다. 나는 유대인이 아닐뿐더러, 최고의 영광이 나타나는 상태는 아닐지라도, 모든 것이 다 하나님의 영광을 위해 존재하는 새 예루살렘에서도 유대인이 되는 일은 없을 것입니다. 나는 음악을 통해서 생계를 이어가는 사람을 상상해봅니다. 나는 그것을 위태로운 방식이라고 생각하지만, 어쨌든 베드로는 물고기를 잡아서 먹을 것을 해결했습니다. 재미삼아 낚시를 하면서 시간을 허비하는 사람은 변명의 여지가 없습니다. 이 모든 하나님의 은사들은 (타락 상태에서) 새 사람의 봉사와 주님을 예배하는 일에 개입하게 되었고, 그것을 망치는데 일조하고 있습니다. (나는 냄새 잘 맡는 사냥개 때문에 사냥이 정당화되었던 사건을 알고 있습니다.) (하이든 Haydn이 말했듯이) 인간의 목소리와 견줄 수 있는 악기란 없습니다.

뿐만 아니라, 그건 사실이 아닙니다. 그건 타락한 본성에 쾌락을 주는 일일 뿐입니다. 그 자체로 무슨 악한 것은 아니지만, 관능적인 쾌락을 부추기는 일을 하기에 영적인 삶을 방해합니다. 그것은 황폐화된 영혼이 우선적으로 시작해야 하는 일이 될 수 없고, 다만 우리는 하나님의 말씀으로 살아야 합니다. 하프와 오르간은 가인이 주의 임재를 떠나서 설립한 도시에서 시작되었습니다.

사실상 예술 음악가들은 일반적으로, 도덕성을 갖춘 사람들이 아닙니다. 그들이 하는 일은 양심도 아니고, 마음도 아니고, 오로지 상상력에 의지하고 있습니다. 유대교는 자연을 중시하며, 거기서 종교를 끌어올 수 있을 것처럼 신봉합니다. 하지만 그럴 수 없다는 것을 입증했으며, 여호와와 그의 기름부음을 받은 자를 거절하는 것으로 끝장이 났습니다. 우리는 그리스도와 함께 죽었고 또한 다시 살아났으며, 전혀 다른 세상에 속해 있습니다. 따라서 나는 옛 피조세계에 속한 그 무엇에서도 나의 기쁨을 추구할 수 없으며, 비록 거기서 하나님의 역사를 볼 순 있어도, 더 이상 나의 기쁨은 이 땅에 속한 것에선 얻을 수 없는 사람이 되었습니다. 세상에 속한 사람처럼 이제는 더 이상 세상을 추구하지 않습니다. 이는 금지법조항 때문이 아니라 마음의 문제입니다. 만일 병든 아버지에게 잠을 잘 주무시도록 음악을 틀어드려야 한다면, 나는 가능한 가장 아름다운 음악을 틀어드릴 것입니다. 그럼에도 음악은 우리의 정서를 음악에 의존하게 만듦으로써, 하나님의 영의 능력이 나타나야 하는 예배를 망칠 뿐입니다. 이 두 가지는, 물이 포도주를 희석시키는 것처럼 함께 갈 수 없습니다.

자연적인 재능을 예배 중에 사용하는 것도 잘못입니다. 나에겐 엄청난 힘이 있을 수 있고, 잘 달릴 수 있는 능력이 있을 수 있습니다. 나는 사람을 한방에 쓰러뜨릴 수 있고, 다른 사람보다 뭐든지 잘 할 수 있습니다. 음악을 누구보다 잘 할 수 있습니다. 이 모든 것에 같은 원칙이 적용됩니다.

이 점이 매우 중요하다고 믿습니다. 그리스도인은 (사역과 예배에) 인간의 자연 본성을 도입하고, 세상을 아무 해가 없을 것처럼 받아들임으로써 결국은 평안을 잃게 되고, 도덕적 영향력을 상실하게 됩니다. 모든 것이 가하지만 유익한 것은 아닙니다. 이미 말했지만, 우리는 육신과 영을 혼합해서는 안됩니다. 우리는 우리의 모든 에너지를 은혜 아래서 사용하는 법을 배우고, 예수의 생명이 우리 죽을 몸에 나타나도록 "항상 예수의 죽음을 몸에 짊어"져야 합니다 (고후 4:10). 그리스도께서 모든 것이 되게 하고, 우리 눈을 성하게 한다면, "온 몸이 밝을" 것입니다(마 6:22). 그 반대로, 그리스도를 바라보는 것에서 돌이킴으로써 우리의 눈이 성하지 않다면, 우리의 애정(또는 정서)은 위의 것을 생각지 않을 것이며, 하나님의 우편에 앉아 계신 그리스도에게서 멀어질 것입니다. 여기에 우리를 위한 매우 중요한 교훈이 있습니다. 즉 하늘에 속한 사람으로서, 땅이 아니라 하늘에 우리의 마음을 두는 것입니다. 그리하면 행복한 영성의 사람으로 살아가게 될 것입니다.

그리스도 안에서<br>당신의 다정한 J N 다비."

세심한 독자라면 위의 인용문에서 다비의 인품과 몇 가지 진실에 관한 예리한 그의 견해를 어느 정도 엿볼 수 있을 것이다. 그는 많은 학식에도 불구하고 놀랄 만큼 겸손했다. 그는 말씀 사역 가운데, 즉 설교 도중 자신의 학문을 드러내고자 하지 않았다. 어떤 신학자는 "그리스도께서는 여전히 히브리어와 헬라어와 라틴어 아래서 십자가에 못 박히셨다"고 말한 적이 있다. 이 당시의 설교는 그렇게 현학적이고 지성적이었다. 하지만 다비의 경우는 그렇지 않았다. 그의 설교에는 히브리어나 헬라어를 인용한 예가 거의 없었다. 한번은 어떤 이가 잔뜩 기대를 하고 그의 설교를 듣고는 "이 사람이 그 유명한 다비란 말인가요?"라고 의아해했다. 그의 뛰어난 인품과 겸손함을 엿보게 하는 일이 어떤 성경공부 모임에서 일어났는데, 한 형제가 다비의 저서에서 인용한다고 밝히면서 독특한 이론을 주장했다. 그러자 한 동안 침묵이 흐른 후 다비가 아주 차분하고 무게 있게 대답했다. "그렇다면 다비의 그 책은 완전히 잘못되었습니다. 그 이론은 완전히 비성경적이며, 불건전하기 짝이 없습니다." 물론 두말할 필요 없이 그 형제가 다비의 글을 잘못 읽고, 잘못 인용한 것이었다. 사실 그는 그 어렵지 않은 책을 자기 생각으로 왜곡해서 읽은 것이었다.

　다비의 설교는 단순했고, 꾸밈이 없었으며, 강력했다. 보흐르H C Voorhoeve는 이렇게 말했다.

　"저는 종종 그가 사용하는 단어를 들으며 깊은 감동을 받았습니다. 그의 설교는 항상 모인 장소를 거룩한 두려움으로 전율시키는 듯 했고, 항상 그의 입에서 흘러나오는 말씀을 통해서 청중들에게 새 생명을 전달하는 듯 했습니다. 계속해서 그리스도를 바라보도록 해주었고, 그리스도의 영광, 그리스도의 사랑, 그리스도의 사역을 눈으로 밝히 볼 수 있도록 해주었습니다. 단순했고 또 꾸밈이 없었으며, 진지했고 또 진심이 우러나왔으며, 참 복음의 영으로 어우러진 그의 설교는 수천수만의 영혼들을 회심시키고 또한 해방을 경험하게 해주는 성령의 도구였습니다[40]."

다비는 미국을 여러 차례 방문했는데 그 중 한번은 어린이들에 대한 그의 자상한 배려를 엿보게 하는 일이 있었다. 한 가난한 형제가 그 위대한 하나님의 사람을 저녁 식사에 초대하기를 간절히 원했는데 그 집에는 아이들이 즐겨 돌보는 집토끼가 있었다. 오랫동안 기다리던 접대 기회가 왔다. 다비는 영향력 있는 형제의 저녁 초대를 정중하고 재치 있게 거절하고, 그 가난한 형제의 집을 찾아갔다. 가족들이 다 나와 반겨 맞았다. 그러나 한 꼬마가 저쪽에서 웅크리고 있었다. 이 귀한 손님의 저녁 메뉴로 그가 아끼던 집토끼를 잡은 것이다. 식탁이 준비되고 있는 동안, 그 꼬마아이가 풀이 죽은 것을 보고 다비가 그 이유를 물었다. 그 아이가 사실을 다 말하자 다비는 아주 실제적인 방법으로 그에게 동정을 표했다.

다비는 그 아이가 아끼는 집토끼로 만든 요리는 일절 입에 대지 않았다. 그리고 식사를 마치자마자 그 아이를 데리고 커다란 물탱크가 있는 곳으로 갔다. 그리고 주머니에서 장난감 오리를 꺼내 가지고 그 애와 한 시간 남짓 놀이를 했다. 집토끼를 잃어버린 그 아

---

[40] 보흐르H C Voorhoeve가 Weremchuk이 쓴 「존 넬슨 다비 전기」에서 인용하였음. (Max S Weremchuk, John Nelson Darby, Loizeaux Brothers, Neptune, New Jersey 1992)

이의 마음을 조금이라도 달래보려고 소중한 교제 시간을 아이에게 다 내준 것이다. 우리 모두의 주(主)와 선생되신 주님께서는 자기를 낮추는 사람이 가장 큰 자이며, 겸손이 가장 값진 것이라고 말씀하신 사실을 기억하라.

# 제 6장
# 다비에 대한 기억들

오랫동안 다비와 친분이 있었던 한 친구가 친절하게도 다음과 같은 흥미로운 이야기를 들려주었다. 그는 이렇게 말했다.

"다비에 대한 개인적인 기억을 떠올려보겠습니다. 내가 처음 그를 만난 것은 1845년 여름 플리머스에서였습니다. 그 전에도 알고는 있었지만 그 때까지는 직접 만나보지 못했습니다. 나는 그를 만나보기 전에도 그리스도에 대한 남다른 사랑과 열정을 들어 알고 있었기에 마음 속 깊이 존경해오던 터였습니다. 그 당시 나는 채널 제도Channel Islands의 한 섬에 살면서, '형제'의 얼굴을 보고 싶어 하던 그리스도 안에 있는 세 자매들과 떡을 떼고 있었습니다. 우리는 윔플 스트리트Whimple Street에 있는 J. B. 로우Row의 가게에서 처음 만났는데 그는 매우 화기애애하고도 진솔하게 인사했습니다. 이 때는 이미, 우리에게 말씀 사역의 자유와 성령의 하나됨을 가르쳐 주신 대로 그분의 이름 아래서 모임을 가지고 있었는데, 그분의 말씀에 배치되는 일이 내부에서 교묘히 일어나고 있었고, 그런 노력이 발각된 때였습니다."

"다비는 그 때 B. W. 뉴턴의 「묵시록에 대한 소고(小考)Thoughts on the Apocalypse」의 오류를 폭로하는[41], 아마도 그가 쓴 가장 가치 있는 비평문을 여러 권으로 나눠 출간하는 중이었습니다. 뉴턴이 쓴 이 책의 주된 목적은, 형제단 운동을 특징짓는, 그리고 그리스도 안에서 하나님의 진리와 영광에 대해 우리가 확신하는 것 가운데 가장 중요한 진리들을 교묘하고도 단호하게 반대하는 것이었습니다. 이런 반역적인 시도는 형제단 운동 이전으로 되돌아가자고 주장하는 무리에만 국한되지 않았습니다. 아일랜드 유언 집행인인 할그로브Mr. Charles Hargrove와 파넬Mr. J. Parnell을 비롯한 여러 사람들이 여러 가지 이유에서 뉴턴에게 동조했습니다. 다비는 그들 모두에게 진심어리고, 정곡을 찌르는 어조로 답변했는데, 그 답변은 진리보다는 타협을 더 좋아하는 이들의 반감과 분개를 샀습니다. 만일 이런 판단을 내리지 않았다면 틀림없이 사도 바울이 말한 '이단' 또는 파당에 이르렀을 것이며, 그로 인해 생긴 어쩔 도리가 없었던 가슴 아픈 분열 사건은 분명히, 저에겐 그리스도를 위한 조치로 보였습니다. 그것은 결코 자신을 높이려는 욕심이나 또는 동료들에 대한 인간적 감정 때문에 취한 조치가 아니었습니다."

"국교도와 비국교도를 막론하고 형제단의 분열은 많은 기독교계

---

41) B W 뉴턴이 쓴 「묵시록에 대한 소고」의 내용들이 성경과 얼마나 다른지 조사되었다. 이 책은 런던 워믹 스퀘어 1번지에서 판매되었고, 1848년 플리머스에서는 J B 로위에 의해서 판매되었다. R M 비벌리는 뉴턴의 책을 폭로하는 내용을 담은 책을 썼다. 그 책 이름은 「예언 연구를 위한 '묵시록에 대한 소고' 분석Analysis, by a Student of Prophecy, of 'Thought on the Apocalypse'」(Longman, Green and Co, London 1845)이다.

의 지도자들이 바라던 바였습니다. 그들은 과거에 대제사장들이 그러했듯이 그 일이 어떻게 될까 염려하고 있었습니다. 뉴턴파가 갈라서자 그들은 안도의 숨을 쉬게 되었습니다. 그러나 사적인 성격을 띤 작은 에피소드가 여러분에게 흥미를 줄 것으로 믿어 의심치 않는데, 사실 그보다 20여세 아래인 나에게도 매우 실제적인 교훈을 주었습니다. 한번은 다비와 함께 저녁을 먹고 있는데, 그가 이렇게 말했습니다. '제가 어떻게 사는지 얘기해줄까요? 오늘은 형제님 덕분에 평상시보다 많이 먹고 있습니다만, 제 습관으로는 토요일엔 따뜻한 고기 한 점, 주일엔 식은 고기 한 점, 월요일부터 목요일까지 계속 식은 고기 한 점뿐이지요. 그리고 금요일엔 스테이크 한 점 먹고, 다시 똑같은 일주일을 보내지요.' 저도 젊었을 때는 다비처럼 금욕적인 생활을 했지만, 다비는 먹고 사는 문제를 초월한 것처럼 먹는 것을 극도로 절제했으며, 심지어는 의사가 금욕 속에 죽을 수도 있다는 처방을 내릴 정도였습니다. 먹든지 마시든지 무엇을 하든지 하나님의 영광을 위해서 하되 사도 바울의 수준에까지 도달한 사람을 만나보기란 얼마나 어려운가요! 하지만 젊은 제자인 제게 다비는 그런 사람이었습니다. 그 당시 다비는 결단코 금욕주의자가 아니었습니다. 그는 이렇게 저렇게 할 자유가 있었으나, 다만 일용할 양식 문제에 대해 주님을 기쁘시게 해드리고자 마음을 기울였던 것입니다. 혹 어떤 이들에겐 사소하게 보일지 모르지만, 제게는 그런 행동이 매일의 삶의 가치관을 보여주는 주목할 만한 행동이었습니다. 많은 성도들이 '문둥병에서 깨끗함을 입은' 후에 레위기의 규정대로 머리카락을 밀고 옷을 빨기를 잊어버리거나 등한히 하는 것을 봅니다. 그저 적당히 몸을 씻는 것으로 그치는 것입니다. 그들은 그런 몸에 단정한 옷을 걸치고 주님 앞에 보란 듯이 나아갑니다. 그렇게 자신의 단정함을 주님께 자랑하는 것입니다. 하지만 그런 모습은 주님 보시기에 가증스러운 모습이 아닐 수 없습니다. 왜냐하면 그것은 근본적으로 세속적이기 때문입니다."

"나는 해리스, 뉴턴, H 솔타우 등 여러 형제들을 만나보았습니다. 분열의 영(靈)이 치명적으로 역사하는 와중에도 그들은 온유한 마음으로 서로를 대했습니다. 좀 더 밝은 시대에는 그것을 '사랑의 늪'이라고 부를 수 있겠다고 에드워드 어빙이 말했는데, 정작 자신은 기적적인 능력과 보통 의식주의자들이 추구하는 것보다 도를 넘은 의식에 푹 빠져 있었습니다."

"다비는 영성과 헌신이 남달리 뛰어났기에 내가 보기에, 이전에 성직자였던 자가 죄를 범한 슬픈 이야기를 비밀히 이야기하고 또 함께 그 일에 대해 기도할 수 있는 유일한 사람이었습니다. 우연히 그런 악을 알게 되었을 때 나는 믿음과 사랑 안에서 그를 만나서, 어쩌면 아무도 그의 영혼에 대해 의심하지 않고 있는 상황에서도 하나님 앞에서 내놓아야만 했습니다. 그는 이미 출교되었으므로, 우리는 그밖에 모든 일을 주님께 맡길 수밖에 없습니다. 분명 그는 떠난 지 오래지만, 그 일을 추측할 아무 생존자도 없으므로 나는 감히 이렇게 말할 뿐입니다."

"F. W. 뉴먼이 다비를 옥스퍼드에 초청한 것은 훨씬 이전 (내 생각엔 1831년) 일이었습니다. 그 때는 개혁자들이 주창했고, 마틴 부쳐Bucer, 피터 마터P. Martyr와 쥬월 감독Bishop Jewell만이 아니라 영국 국교회의 헌법 9조 18항이 주장하는 은혜의 교리를 버튼 박사Dr.

제 6장 다비에 대한 기억들 87

E. Burton42)가 부인하던 것을 그가 공개적으로 논박한 그런 때였습니다. 뉴턴은 웃음을 지으며 내게 말했습니다. '그 책이 내가 돈을 번 유일한 소책자지요.' 다비의 이 방문은 (그 당시에 다비를 만나서, 그의 얘기를 들은 글래드스톤W. E. Gladstone보다는) 위그램G. V. Wigram, 브렌톤 경Sir L. C. L. Brenton, 뉴턴B. W. Newton, 쟈렛W. Jarrett 과 그 밖에 믿음 안에서 확고히 서있지 못하고 또 일의 결과를 감내할 수 없는 상태에 있던 여러 형제들에게 더 영향을 미쳤습니다. 한 번은 어떤 간담회 자리에서 어떤 이가 '주님께서 아름다운 나라에서 살게 해주셨으면 한다' 고 말하자, (그는 어느 스코틀랜드 교구에서 주교직을 맡아 그런 소원 이상을 누렸습니다), 위그램이 즉시 '주님께서 나로 하여금 모든 것을 희생하고 그분을 좇고 섬기게 해주셨으면 한다' 고 맞받아 쳤는데, 그 당시 모였던 젊은이들의 특징이 그러했습니다. 그 또한 마음에 소원이 있었습니다. 찰스 브렌톤 경Sir Charles Brenton은 다비를 그다지 높이 평가하지 않았습니다. 그는, '나는 그렇게 두 아담이 뚜렷하게 존재하는 사람을 만나본 적이 없다' 라고까지 그를 혹평했습니다. 오히려 찰스 경이 율법적이었고, 그 때문에 그는 고통을 당했습니다. 찰스 경이 죽기 얼마 전에 다비는 몇 번이나 그를 심방했으며, 그를 위해서 특별한 기도를 해주었고, 어느 정도 효과를 보았습니다."

"제가 틀리지 않았다면, 다비가 그리스도와의 연합의 진리를 깨닫고 런던을 방문하여 복음주의 목사 중 가장 성숙한 자로 알려진 사람 앞에 그 비밀을 얘기한 것은 1830년 이전이었습니다. 그러나

---

42) 에드워드 버튼(1794-1836)은 교부학과 교회사를 연구하는 학자였다.

다비는 외모에 대해서 관심이 없었던 까닭에, 그 목사는 다비의 외모를 보고서 이처럼 소중한 진리를 이해하지 못했고, 그저 죽은 문자로 여겼습니다. 그는 진리를 제대로 배우지 못한 성도들이 흔히 저지르는 실수처럼, 그리스도와의 연합의 진리를 거듭남과 동일한 것으로 혼동했습니다. 그 목사의 말투는 현학적이고 거만했습니다. 그는 가난한 교구목사로 보이는 그 방문자가, 모두가 아는 사실을 혼자만 아는 체 한다고 여긴 듯합니다. 그러나 마부와 시종을 거느린 웨스트민스터에서 온 멋진 마차가 다비를 부친의 집에 데려가기 위해 도착하는 것을, 우연히 보게 된 그 목사는 갑작스럽게 태도를 바꿔 허리를 굽실거렸습니다. 그 행동은 내 친구를 슬프게 했습니다. 물론 알지 못해서 그런 태도를 취한 것이지만, 그러나 그리스도인이, 특히 성직자의 위치에 있는 사람이 그런 세속적인 태도를 보였다는 것이 그의 마음을 아프게 했습니다. 다비는 그 목사가 볼품없는 가문 출신임을 잘 알았으나, 그 속에 영적인 감각이 있다면 배경 따위는 아무것도 아니었습니다. 그 목사는 은혜와 진리 안에서 성장하지 못한 채 주교가 되고 대주교가 되었습니다. 그의 신학의 뿌리에는 해로운 벌레가 있었습니다. 그는 주교직에 오르기 이전이나 이후에나 성령의 영감에 관해 불건전한 생각을 드러냈었습니다. 그런 사람들은 들을 귀가 있을리 없습니다."

"나는 1840년대 초 리버풀에서 열린 수양회에는 참석하지 못했지만, 1845년에 런던에서 열린 수양회에는 참석을 했습니다. 다비는 3일째 오후에나 말씀을 전하기 위해 자리에서 일어났는데, 그것도 잘 아는 친구가 옆구리를 찔러서 떠밀었기 때문이었습니다. 다비는 할 말이 많은 형제들이 많이 있기 때문에 말씀을 전하지 않았다고 해명했습니다. 그것은 매우 인상적인 메시지였습니다. 인도자들을 비롯해서 많은 형제들이 힘과 열정을 가지고 말씀을 전한 후에, 그가 간략한 요약으로 그들의 요점을 제 위치에 정해주고는 성경에서 전체 주제에 대한 신선한 빛을 풍성하게 끌어내주었습니다. 이 수양회에서 어떤 신사가 자기가 쓴 어리석은 해로운 소책자를 다비가 공박하는데 분개한 마음을 품고서, 신랄한 비판을 퍼부었습니다. 그러나 다비는 한 마디도 대답하지 않았습니다. 또 한 사람이 기분이 상해서 분개한 표정으로 강당에 들어섰는데, 그 때 비벌리(Mr. R. M. Beverley43)가 오랫동안 자신이 찾던 중요한 진리를 깨닫도록 자신에게 도움을 준 것에 대해 얘기하고 있었습니다. 이 연로한 (거의 귀 먹은) 형제는 할 수 있는 한 강사 가까이에 앉아서, 자신이 쓴 책의 한 페이지를 강사가 읽고 있는 걸 듣게 되었는데, 그 내용인즉 성령의 임재와 역사하심에 관한 교리를 배척하는 내용이었습니다. 그는 그런 교리는 성경적이지 않다고 즉시 생각했습니다. 사실 그 내용은 이미 다비가 비난했던 내용이었습니다. 이 사건은 살아 계신 하나님의 방법에 대해 나에게 적지 않은 인상을 심어주었습니다."

"뉴먼이 '그리스도에 관한 교리'를 배반하기 전에는 다비는 뉴먼F. W. Newman에게 사려 깊고 친절했었습니다. 하지만 다비는, 뉴먼이나 그의 형 추기경과 성격상 조금도 닮은 점이 없었습니다. 사

---

43) 로버트 맥켄지 비벌리는 1797년 출생했고, 1868년에 죽었다. 그는 퀘이커 출신으로서 형제단 운동에 가입했으며, 다비 편에 서서 뉴턴을 배척하는 입장을 고수했다. 하지만 그는 뉴턴을 추종하는 사람들에 대한 다비의 교회 입장에 대해 의견을 같이 하지 않았고, 중도적인 입장 또는 독립 형제단Open Brethren party의 입장을 끝까지 고수했다.

람이 아닌 하나님이 그 두 사람을 각기 다른 방법으로 다스리셨습니다. 동생은 학창시절 늘 뛰어난 성적을 거두었습니다. 형은 뛰어난 문필가가 되었지만 전통의 틀을 벗어나지는 못했습니다. 다비는 하나님 아버지의 영광을 위해 오직 그리스도와 진리만을 추구했습니다. 뉴먼의 두 형제는 복음주의자로 출발했습니다. 그러나 시간이 흘러가면서 점점 사이가 벌어지더니 한 사람은 교황주의자가 되었고, 한 사람은 불신자가 되었습니다. 그럼에도 그들은 행복한 교제를 나누었습니다. 이런 모습은 다비에게는 슬픔이요 수치였습니다. 다비는 옥스퍼드 논설집Oxford Tracts(옥스퍼드 운동을 제창한 90종의 소책자-역자주) 90호를 쓰고 정당화하는 일을 했던 사람을, 그저 범인(凡人)으로도 존경할 수 없었습니다. 그 책은 처음부터 끝까지 종교개혁 39개 조항을 로마 가톨릭의 시각으로 비난하는, 예수회의 논조를 띠고 있었습니다. 더욱 놀라운 것은 퓨지와 케블 등이 그 기만적인 내용을 지지하는 서명을 하게 될 것이란 점입니다. 그러니 어떻게 다비가, 결국엔 플레처J. Fletcher의 생애를 하나님의 아들 예수의 생애보다 더 완전하게 소개하는 데까지 간 그 신성모독자를 향해서 슬픔과 분노를 느끼지 않을 수 있을까요? 내 판단에는, 만일 로저스H. Rogers교수가 그의 책 「믿음의 실종Eclipse of Faith」에서 「믿음의 단계들Phases of Faith」을 그 나름의 근거를 가지고 무너뜨렸다면, 다비는 그의 책 「불신앙의 비합리성Irrationalism of Infidelity」에서 기독교에 근거해서 더욱더 불신앙의 기초를 무너뜨렸다고 봅니다. 또한 다비는 J. H. 뉴먼의 「변론서Apologia pro Vita Sua」44)의 부정직함을 폭로했습니다. 그 글은 논리성조차도 제대로 갖추지 못했습니다."

---

44) 처음엔 1865년 4월 21과 6월 2일 사이에 매주 목요일에 시리즈로 출간되었다.

"다비는 성경을 상고하는 일에 대단히 신중했고, 많은 기도 가운데서 분변하는 일을 했습니다. 그러나 글은 생각이 떠오르는 데로 신속히 써 나갔으며, 종종 한 단어도 바꾸지 않았습니다. 그는 진리를 완전히 표현하고 또 잘못된 개념을 경계하기 위해 종종 괄호 속에 괄호를 넣어가며 사슬처럼 문장을 이어가는 방식을 즐겨 사용했습니다. 그는 일찍 일어나 지칠 줄 모르게 일했지만, 자신이 바라는 만큼 자신의 마음을 간략하고 또 분명하게 표현할 시간이 없었습니다. 한번은 그가 내게 농담반 진담반으로 얘기했습니다. '형제는 사람들에게 읽혀지고 이해되도록 하기 위해 글을 쓰지만, 나는 종이 위에 내 생각을 적어나갈 뿐이네.' 이 때문에 그의 글은 숙달되지 않은 독자에겐 전혀 달갑지 않은 글이 되었고, 대충 훑어보는 독자에겐 무슨 말인지 전혀 알 수 없는 글이 되어버렸습니다. 교육수준이 높은 사람을 포함해서 많은 사람들이 그런 문장을 이해하지 못한 까닭에 고개를 돌리게 되었습니다. 그만큼 문학적인 명성에 무관심한 사람도 없을 것입니다. 그는 그런 명성을 추구하는 것을 그리스도 아래, 즉 그리스도인 아래 있는 것으로 여겼습니다. 그는 자신이 말한 대로, 그저 광부에 불과했습니다. 그는 광석을 녹이고, 귀금속을 만들어 배포하는 일을 다른 사람들에게 맡겼습니다. 많은 사람들이 자신은 의도치 않았을지라도 지난 25년 동안 그런 일을 했습니다. 때로는 다비를 비난하는 사람들조차도 그 자원을 빌려온 출처를 밝히지 않은 채, 그런 일을 했습니다. 그에게 그리스도가 모든 것의 중심이었습니다. 그리스도를 항상 자기 앞에 모시고 있었고, 심지어 논쟁을 벌일 때에도 그러했습니다. 아무리 열렬한 논쟁을 하는 가운데서도, 오로지 덕을 세우기 위한 목적으로 진리를 긍정적으로 제시했다는 것만큼 놀라운 일은 없을 것입니다. 그는 대적의 정체를 폭로시키는 것으로 만족하지 않았습니다. 빈틈없는 논리와, 도덕적인 면에 대한 민감하고도 철저한 이해와, 그리고 모든 문제에 대해서 그리스도에 대한 강조가 그를 박사들 중에선 필적할 사람이 없는 최고의 사람으로 만들었습니다. 그럼에도 그는 가난한 자들에게 복음을 전하기를 항상 기뻐했으며, 자신보다 더 탁월한 전도자로 생각되는 자들을 크게 존경했습니다. 한번은 다비보다 더 복음을 잘 전한다는 평가를 받아본 적이 없는 한 전도자가 어느 수양회에서 그의 앞에서 복음을 전했습니다. 여러 달 후에, 이 사랑스럽고 단순한 심령을 소유한 주의 종은 사석에서 거듭해서 형제들에게 이렇게 말하곤 했습니다. '아, 내가 그 형제처럼 사람들에게 호소할 수 있다면 얼마나 좋을까!'"

"그가 사람들에게 큰 영향력을 끼쳤다는 것은 부인할 수 없는 사실입니다. 그러나 그 자신은 그런 영향력을 추구하지 않았습니다. 그는 가까운 친구들에게는 꾸밈없이 말했습니다. 헌신적인 사람으로 평가하던 한 친구에게 이렇게 편안히 말을 건네었습니다. '이리 오게, 신사와 거리가 먼 양반.' 일찍부터 그와 친분이 두터웠던 존경받는 목자이자 훌륭한 교사이며 복음전도자였던 또 한 친구는 철저한 복음주의자이긴 하지만 세속적인 삶을 살던 자매와 재혼을 한 상태였습니다. 전직 목사였던 이 형제는 그가 살던 마을에서 주의 이름으로 모이던 소수의 순전한 사람들을 실족케 함으로 다비의 마음을 아프게 했습니다. 그는 더 이상 가난한 사람들 가운데 수고하는 일꾼의 자리에 있지 않았고, 절반은 대지주로서 또 절반은 성직자로서 오랫동안 멀리하던 저명한 인사들과의 친교를 다시 시작했습니다. 다비는 이 일을 두고, '문제는 형제들에게 있는 것이 아니라 아내에게 있어' 라고 딱잘라 말했습니다. 아내에게 문제가 있다는게 그 일을 더욱 염려케 했습니다. 아니나 다를까 그의 아내는 그 상황을 회복 불가능한 지경에 빠뜨렸습니다. 다비에게 고통을 준 것은 그런 일들만이 아니었습니다. 다비가 건시Guernsey를 방문했을 때, 내가 아는 한 자매가 비공식적으로 일단의 무리를 다비와 만나도록 모임을 주선했는데, 거기엔 신분 높은 사람들만 모여 있었습니다. 만일 그녀가 국교회나 여느 교단에 속한 그리스도인이었다면 그는 충분히 참작하고 달리 기대하지 않았을 것입니다. 그러나 같은 교제권에 있는 자매가 하나님은 세상에서 가난한 자를 택하사 믿음에 부요하셨는데도 가난한 성도들을 배제시키고, 또 교제를 더욱 풍성하게 나눌 수 있는 기회를 주지 않을 정도로 주님의 말씀과 뜻에서 멀리 떠나있다는데 대해 다비는 분개를 느꼈습니다. 모인 사람들에게 감사의 말을 해달라는 부탁을 받자 다비는 그 일을 나에게 넘겼는데, 이는 그의 마음이 편치 않았다는 무언의 표현이었습니다."

"가끔씩 이긴 하지만 나는 그와 동행하면서 그가 설교하는 말씀을 듣는 특권을 누릴 수 있었고, 이런 큰 집회에선 보통 그에게 많은 시간이 할애되었습니다. 한번은 그가 가난한 사람들이 모인 작은 모임에서 로마서 5장 20,21절에 대해 말씀을 전하는 걸 들은 적이 있습니다. 나는 그렇게 능력있고 열정적인 말씀은 들어보지 못했습니다. 아주 쉬우면서 청중에게 꼭 맞는 그런 말씀이었습니다. 게다가 그들이 부르는 찬송은 곡도 맞지 않고 형편없었지만, 그는 최선을 다해 그들에게 찬송을 가르쳤습니다. 왜냐하면 그에겐 좋은 목소리와 훌륭한 귀가 있었기 때문이었습니다. 그럼에도 다른 사람들의 음치 소리는 더욱 크게 들렸습니다. 그는 그런 것을 아랑곳하지 않고 찬송시간을 훌륭하게 마친 후, 계속해서 낭랑한 목소리로 흔들림 없이 메시지를 이어갔습니다."

"그는 조금도 자기를 신뢰하지 않았습니다. 한번은 옥외집회에서 말씀을 전해달라는 부탁을 받자 자기보다 젊은 사람에게 그 일을 부탁하며 이렇게 말했습니다. '전 그런 큰 집회에서는 잔뜩 위축됩니다. 뭘 말해야 할지 몰라 입이 얼어 붙을까봐 걱정이 됩니다.' 그는 영혼을 사랑하는 열정이 가득한 담대한 전도자를 무척 좋아했습니다. 헌신적이라고 생각되면 흠이 많더라도 그냥 덮어주었습니다. 그를 매우 존경하던 한 사람은, '다비야말로 영국에서 가장 잘 속는 사람이지요'라고 종종 꼬집었습니다. 이것은 물론 지나친 과장이었습니다. 그럼에도 그런 일은 그의 동역자들을 당황시킬 만큼 자주 일어났습니다. 한번은 베스에서, 어느 형제를 줄곧 두둔하는 것을 보고 그에게 직언(直言)하는 말을 한 적이 있었습니다. 그 형제는 정신 나간 믿지 않는 아버지의 마음을 만족시키기 위해서 그의 어머니와 누이를 박대하고 '디오드레베'처럼 교회에서 쫓아내는 일을 서슴지 않았습니다. 다비는 나와 함께 길을 걷다가 혼잣말로 중얼거렸습니다. '이상한 일이야, 사랑스런 사람이 망나니로 돌변하다니.' 걱정했던 대로 그 사람은 정말 돌변했습니다. 얼마 후 그는 자기를 무턱대고 믿어준 그 관대한 은인(恩人)을 신랄하게 비방하는 글을 써서 책을 내고 배포했습니다.

"그 일의 결말은 우리에게 시사하는 바가 큽니다. 이 비방자는 후에 교회를 떠난 것은 물론이고 아예 다른 나라로 떠나게 되었습니다. 그는 거기서 한 아일랜드 그리스도인에게서 환대를 받았습니다. 나중에 그 그리스도인이 아일랜드를 방문해서 만나는 친구마다 다비를 아느냐고 물었습니다. 모두들 잘 안다고 답했습니다. 그가 대답했습니다. '그래요? 한 친구를 알게 되었는데 그 친구는 만날 때 마다 다비를 습관적으로 비난했어요. 그런데 나중에 알고 보니 그 친구 문제가 많더라구요. 그래서 난, 그가 비난하는 그 사람이 아주 훌륭한 사람이라는 결론을 내리게 되었지요.' 그런 것이 아일랜드인의 진미(珍味)라고 할 수 있지만, 사실상 건강한 본능과 진실에 속한 것이기도 합니다."

"그렇게 쉬 믿는 성향은 사람들이 금전을 요구할 때나, 더더욱 중요하게, 그의 중재로 문제 해결을 시도할 때 자주 나타났습니다. 지금도 적지 않은 사람들이 교회에서 출교될 수밖에 없던 사람을 지지하는 일을 했던, 한 과격한 사람을 기억하고 있는데 그도 마찬가지로 잘못이 있어서 동일한 징계를 받고 말았습니다. 그는 다비가 오랜 여행을 마치고 런던에 돌아오기까지는 모습을 나타내지 않았습니다. 그리고 다비가 돌아오자마자 즉시 그를 찾아갔습니다. 그리고 다짜고짜 따지고 물었습니다. '어떻게 그 형제가 지금까지 출교 상태에 있을 수 있지요?' 그러자 아주 죽은듯한 침묵이 흘렀고, 이 상황은 쉽게 이해되었습니다. 왜냐하면 다비를 잘 아는 모든 사람들은 이런 침묵을 잘 이해할 수 있었기 때문입니다. 지금은 고인이 된, 아주 직설적인 사람으로 잘 알려진 한 형제는 이렇게 말한 적이 있습니다. '다비에 대해선 우리는 잘 알고 있지만, 당신들은 잘 모를 거예요.' 그러나 아쉽게도 어떤 이들은 그를, 자기 마음대로 권위를 휘두르고 반박을 허용하지 않는 교황 같은 독재자라고 비난했습니다."

"더더욱 불명예스럽게도, 한 형제가 격한 말로 교회를 모독하여 출교를 당하는 일이 얼마 후에 일어났습니다. 그런데 그는 회복이 되지 않았는데도 집회에 나와 앞자리를 차지하고는 주의 만찬을 주관하려 했습니다. 대부분 성도들은 참을 수 없는 고통으로 얼굴이 일그러졌지만 다비는 인자한 얼굴로 지켜보았습니다. 그는 많은 사람들이 나름 중요하다고 생각하는 문제들에 대해선 가급적 태연했지만, 그리스도를 공격하는 자들에 대해서는 단호한 태도를 취했습니다. 그는 종종 이렇게 말했습니다. '나는 징계 문제는 관여하고 싶지 않습니다. 난 내게 어떤 일을 말해주는 첫 번째 형제 또는 자매의 말을 그대로 믿습니다. 징계는 정말 관여하고 싶지 않습니다.' 그에게서 그런 면을 자주 느낀 까닭에 나는 오직 진실한 말만 처음 그의 귀에 들어가게 해달라고 주님께 기도하곤 했습니다. 그러나 사려 깊은 그리스도인이라면, 진실한 자는 자기 유익을 위해 나쁜 소문을 퍼뜨리는데 더디고, 경박하고 편파적인 마음의 소유자는 자기가 좋아하는 자들에게 호소하고, 특히 다비 같은 영향력 있는 사람을 이용하는데 빠르다는 사실을 잘 알고 있습니다. 또한 그가 그런 식으로 어느 한 쪽으로 단정 내린 다음엔 다른 사람들이 그 일을 확인하거나 그 자신이 나중에 그 일을 번복한다는 것이 얼마나 어려운지는 모두가 알고 있을 것입니다. 이러한 소소한 약점들을 공개하는 것에 대해 혹 나를 비난할 사람이 있을까요? 비록 간략하게 짚고 넘어가더라도 이처럼 내 마음에 깊이 새겨졌고 또 다비 자신도 솔직히 시인한 이런 이야기를 생략 하는 것은 성실한 태도가 아니라고 나는 겸허히 생각합니다. 나 또한 나 자신의 실패를 묻

어두고서 그저 그리스도와 함께 죽었다는 묘비만을 세워두길 바라지는 않습니다."

"다비보다, 위선과 허세와 온갖 그럴듯한 겉모양을 싫어한 이는 없을 것입니다. 토마스 카라일Thomas Carlyle(1795-1881)은 '허풍장이'를 증오한다고 목소리 높인 바 있습니다만, 다비는 조용히 진리를 몸소 실천했습니다. 그는 종종 선배 그리스도인으로서, 감당할 만한다고 생각되는 형제들에게 솔직히 충고해주곤 했습니다. 그리고 때로는 그의 그런 진실한 충고가 마음에 상처가 되어 오랫동안 후유증으로 남기도 했습니다. 반면에 그는 다른 사람들이 감히 좇지 못할 정도로 사람들에게 보이지 않게 사랑을 베풀었습니다. 초기에 플리머스에 몇 안되는 형제들 가운데 한 이발사 형제가 병들었습니다. 아무도 그의 처지를 돌아볼 생각을 하지 못 하던 때에 다비는 그가 없는 틈을 타서, 그 작은 이발소에 나가 열심히 일을 도왔다고 합니다."

"그는 다른 사람들에게는 사려 깊었지만 자기 자신을 돌보는데는 관심이 없었습니다. 다만, 사역에 도움이 된다고 생각되면 비싼 책을 사는 건 개의치 않았습니다. 그는 이른 아침부터 말씀과 기도에 착념하는 열정적인 성경학도였습니다. 그러나 그렇게 분주한 중에도 오후 시간은 가난하고 병든 자를 방문하는 일에, 그리고 저녁 시간은 기도 모임과 교제와 가르치는 일에 할애했습니다. 그는 집에 있든 또는 출타중이든 어디에 있든지 성경을 연구하는데 많은 시간을 투자했습니다. 그는 옷이 낡아 헤질 때까지 입었으나 용모만큼은 옷을 잘 차려입은 사람들 이상으로 깔끔하고 단아했습니다.

한번은 리머릭에서 절친한 친구들이 그가 잠든 틈을 이용해서 낡은 옷을 새 옷으로 바꾸어두자, 그는 아무 말 없이 새 옷을 걸쳤다고 합니다."

"그는 한창 시절, 프랑스와 스위스의 넓은 지역을 종종 걸어서 여행하며 옥수수로 배를 채우거나, 어떤 때는 감사하게도 계란 한 개로 끼니를 때웠습니다. 왜냐하면 자신이 말한 대로, 그는 어디를 가나 융숭한 대접(?)을 받았기 때문이었습니다! 그의 집이나 숙소를 가보면 모든게 단순하고 절제되었습니다. 그러나 식사를 초대받으면 그는 차려놓은 음식을 마음껏 감사한 마음으로 먹었습니다."

"그의 관대한 마음과 강한 확신과 일관성은 여러 면에서 나타났습니다. 영국 국교회를 떠난 후에도, 그는 이따금씩 경건한 성직자들의 초청을 받아 말씀을 전했습니다. 그러나 그는 집회시간에만 나타나고 그의 앞서 열린 예배에는 참석하지 않았습니다. 나중에 프랑스에서 개혁 교회의 경건한 목사들을 위해 말씀을 전할 때에는, 그는 대학 졸업식에 입는 검은 예복은 거절하지 않았지만, 그들이 가슴 띠를 갖다 주자 '아뇨, 더 이상 걸치지 않겠습니다' 하고 사양했습니다. 아울러, 그는 절반의 진리를 가지고서 지나칠 정도로 교파를 비판하는 형제들을 가차 없이 그러나 사랑으로 책망했는데, 그들은 사도 바울이 이교도의 상(床)에 대해 말한 것을 여러 교파에 속한 사람들에게 맹목적으로 적용하는 일을 했기 때문입니다. 그것은 그의 마음에 극도의 슬픔과 분개를 일으키는 중차대한 과오일 뿐이었습니다. 그 당시 어느 목사 중 한 사람은 나에게 '다비는 한 손에는 펜을, 다른 한 손에는 벼락을 들고 글을 쓰는 사람' 이라는 말을 했습니다."

"보다 공적인 예로, 글래드스톤이 아일랜드 개혁 교회를 해체하고 찬탈한 까닭에 자리에서 물러난 스톱포드 부주교Archdeacon Stopford를 위로하기 위해 다비가 보낸 편지에는 이렇게 적혀 있었습니다. '만일 개혁 교회 사람들이 하나님을 신뢰한다면 이런 입장을 취해야 할 것입니다. 하나님의 말씀을 높이고 존중하면서, 프로테스탄티즘이라 불리는 것을 진심으로 인정하고, 장로 교회와 협력하게 하십시오. 당신도 알다시피, 장로 교회는 브램홀 시대에 절정기를 맞았습니다... 여러분 스스로 올바로 서서 하나님을 신뢰하십시오. 영국 국교회와는 관계가 청산되었으므로 돈 몇 푼을 받고 허리를 굽신거리는 계약을 맺지 마십시오. 그런 계약을 맺는다면 더이상 희망이 없습니다.' 그러나 그럼에도 불구하고 그 경건하고 학문을 겸비하였고, 자신의 조카와 결혼한 오소리의 주교, 오브라이언 박사가 그 자신도 오랫동안 거절해오던 침례 중생설Baptismal Regeneration을 지지하는 글을 쓰자, 다비는 성경과 영국 국교회 의식서를 가지고서 그 글의 허위성을 폭로하는 신랄한 반박서를 냈습니다."

"같은 교제권 안에 있는 사람들이 가지고 있는 편견에 대한 그의 단호한 태도는, 중요한 문제에 직면했을 때 내리는 그의 결정만큼 분명했습니다. 그는 종종 다른 사람과 함께 일하면서 노방전도를 마다하지 않았습니다. 어느 동료가 설교는 유창했지만 진리를 배우는데는 더디고 형식에 집착했습니다. 전직 해군장교였던 이 사람은 성공회에서 사용하는 기도서의 기도문을 인용했고, 전직 성직자였던 다비는 성경으로 복음을 전했습니다. 그런 경험은 한번으로 족했습니다. 그 당시 불협화음이 일어났습니다. 언제부턴가 그는 교회나 '성전(temples)'이라고 부르는 곳에서 (그들은 교회를 넓은 의미에서 그렇게 불렀습니다) 말씀 전하는 일을 더욱 꺼리게 되었는데, 미신적인 신앙과 합리주의 신앙이 침투했기 때문입니다. 최근 들어 신앙 무차별론이 득세했기 때문에 외부 그리스도인들을 흔쾌히 받아들이는 일을 억제했습니다. 원칙은 변함없었지만 그것을 적용하는 일은 엄격하게 했습니다. 자신이 속한 교회에서 해롭고 악한 교리가 가르쳐지고 있음에도 아무런 의식도 분별도 없는 사람들과는 함께 떡을 뗄 수 없었기 때문이었습니다."

"다비가 쓴 「민주주의 세력의 발전과 그것이 영국의 도덕 상태에 미친 영향Progress of Democratic Power, and its Effect on the Moral State of England」45)란 글이 옥스퍼드 시절부터 죽을 때까지 글래드스톤의 절친한 친구였던 액클랜드 경Sir T. D. Acland46)에게 큰 충격을 줬다는 것은 많은 사람들의 흥미를 불러일으켰습니다. 그 글의 개요를 담은 Miscellaneous I이란 책을 선물로 받고 그는, 그 글이야말로 (비록 오래전에 쓰였지만) 자신이 읽은 현재와 장래 일에 대한 가장 놀라운 예견이자 또한 평가라고 내게 편지로 알려주었습니다."

"단언하건대, 나는 그보다 더 그리스도의 이름과 말씀에 충실한 성도는 알지도 못했고 들어보지도 못했습니다. 그는 선배들의 경우

---

45) 이 소책자는 미국 일리노이 애디슨에 있는 Bible Truth Publishers 출판사에서 인쇄되어 판매되고 있다.

46) 액클랜드 경의 이름은 토마스 다이크 액클랜드(Thomas Dyke Acland)다.

를 살펴보면서, 성직자와 변호사와 정부관리 등 세 부류에 속한 사람들은 신실치 못한 형제가 되기 쉽다고 종종 말하곤 했습니다. 하지만 변호사로 시작해서 나중에 성직자가 된 그 자신은 예외였습니다."

"그는 육신적으로도 뛰어난 사람인데다, 전혀 배우지 못한 사람인양 부지런히 배움에 힘쓴 학도였습니다. 그런 점에서 그는 실로 뛰어났습니다. 나는 그를 알기 전부터 그런 사람으로 그를 알았으며, 그와 다사다난한 세월을 보낸 후에도 역시 그가 그런 사람임을 알게 되었습니다. 그리고 지금 과거를 회상하면서도 그가 끝까지 그런 사람이었음을 확신하고 있습니다. 만일 내가, 그가 그리스도를 본받은 것처럼 우리도 그를 본받는 자 되어야 한다고 말한다면 지나친 말일까요?"

윌리암 켈리William Kelly가 쓴 「내가 아는 다비J. N. D. as I knew him」에서 발췌

추가적인 다비에 대한 회고록과 흥미로운 이야기는 부록 3에서 소개하고자 한다.

# 제 7장
# 저자로서 존 넬슨 다비

존 넬슨 다비는 방대한 양의 신학 서적 및 소책자를 낸 다작의 독창적인 작가였다. 그 중 으뜸 되는 것은 성경을 독일어와 프랑스어로, 그리고 그리스어에서 영어로 번역한 것이다. (그는 알려진 모든 자료를 사용해서 원어에서 직접 옮겼다.) 개역 성경을 개정하는 일을 하면서 다비의 신약성경을 참조했던 사람들 가운데 두 사람은 윌리암 켈리에게 편지를 해서, 다비가 그 일에 엄청난 연구와 공을 들인데 놀랐다는 말을 했다. 그 자체로 보면, 보통 사람이 평생을 걸쳐서 해야 하는 일의 양이었다. 그가 성경을 번역한 목적은 사람들로 "진리"이신 그분의 정확한 말씀을 대하도록 하는데 있었다. 그런 과정에서 문학적인 면보다 문자적인 면이 더 강조되었으며, 그러다보니 그가 성경을 번역한 번역본에는 자연 매끄럽지 못한 부분이 더러 나오게 되었다. 그러나 각주는 이루 말할 수 없을 정도로 훌륭하며, 학문적인 가치 또한 매우 높다.

다비의 첫 번째 관심사는, 비록 시간상으로는 처녀작이 아니지만, 「그리스도의 교회의 본질과 하나됨The Nature and Unity of the Church of Christ」이란 제목의 소책자에서 발견된다. 이 책은 그의 나이 28세에 발간되었으며, 그 후로 82세의 고령으로 죽을 때까지 성경의 폭넓은 분야를 망라하는 뛰어난 영성을 지닌 작품들이 줄지어 출간되었다. 그는 어빙파Irvingism와 퓨지파Puseyism의 실상을 폭로했으며, 뉴먼 교수의 회의론과 그의 형 뉴먼 추기경의 무신론을 공박했다. 그는 뉴턴B. W. Newton의 「묵시록에 대한 소고Thoughts of the Apocalypse」와 기타 그리스도에 관한 교묘한 오류들을 폭로했다. 그는 스위스 자유교회가 기뻐할만한 요한 웨슬리의 "완전성화론Perfectionism"를 논박했다. 그러나 스위스 자유교회는 그가 겉모양만 그럴 듯한 자유 교회주의자들의 이론과 아비뇽 박사Dr. J. H. Merle D'Aubigne의 장로직을 비난하자 심한 불쾌감을 드러냈다. 다비는 로버트슨 스미스W. Robertson Smith의 합리주의와 맞서 싸우는 스코틀랜드 자유교회를 도와주면서, 많은 공을 들인 작품을 통해서 교황주의의 과오를 가차 없이 공격했다. 이어서 죄와 그 형벌에 대한 가공할만한 오류들이 널리 만연되고 급속히 확산되고 있었는데, 가령 영혼소멸론, 일시적인 형벌론, 다양한 종말론적 회의주의와 무법주의적인 신앙 등 인기를 끌고 있던 무렵, 이 모든 오류들이 다비에 의해 철저히 논박되었다. 밀너 박사Dr. J. Milner(1744-1797), 훼이틀리 대주교Archbishop Whately(1789-1863), 콜렌소 주교Bishop Colenso(1814-1883)와 기타 「평론집Essays and Reviews」의 저자들이, 이 두려움을 모르는 박학다식하고 독창적인 성경학도에 의해 철저히 검토되어 그 허황된 논리와 주장이 폭로되고 논박을 당했다.

다비의 주석서 또는 강해서는 대단히 가치가 있는데 그 중 「존 넬슨 다비의 성경주석시리즈*Synopsis of the Books of the Bible*47)가 단연 으뜸이다. 과연 어떤 작가의 어떤 단일한 작품이 성경연구에 그렇게 큰 도움을 줄 수 있을까? 물론 그의 저서들 중에는 복음을 다룬 책들과, 실천적인 책들과, 교리적인 책들과 교회 진리를 다룬 책들과, 예언적인 책들과 기타 많은 신앙양서들이 있긴 하지만 성경주석시리즈에는 미치지 못한다. 다비의 책 가운데 주로 비평을 다룬 책, Critical Volume은 성경학도들에겐 풍부한 묵상거리를 제공해준다. 어떤 것들은 성격상 심오하며 어떤 것들은 아주 간단하지만 모두 탁월하고, 게다가 상당히 학문적이다. 그 책들은 한결같이 그리스도에 대한 헌신과 하나님 말씀에 대한 믿음으로 어우러져 있으며, 게다가 그는 결코 문학적인 차이점을 무시하는 저자는 아니었다.

그럼에도 다비의 표현은 미성숙한 독자들에게는 의문의 여지없이 난해했기에, 많은 사람들이 다비의 글을 읽거나 설교를 듣고 자신들이 읽고 이해한 내용들을 출판하기도 했다. 그는 탁월한 비판력을 지녔으나 보통 말씀을 전할 때는 그런 면을 드러내지 않도록 조심했다. 그의 저서들은 평범한 문체나 방법으로 되어 있진 않지만, 내용이 충실하고 영적이며 심오하기 때문에, 주의 깊게 연구하는 자에겐 풍성한 보상으로 갚아주기에 충분했다.

---

47) 불후의 명작인 존 넬슨 다비의 성경주석시리즈Synopsis of the Books of the Bible는 지난 1세기 동안 수를 셀 수 없는 성경학도들의 영적 필요에 부응해오면서, 지속적으로 출간되었다. 미국 강해설교가로 유명한 해리 아이언사이드Harry Allen Ironside(1876-1951)는 이 책을 불후의 명작으로 소개하면서 "다비 성경주석시리즈는, 나에게 다른 책으로는 가능하지 않은 방식으로 성경을 열어주었다고 고백하지 않을 수 없다"고 말했다.

그의 목회용 서신을 묶은 책이 세 권으로 출간되었는데, 아래에 인용한 두어 편에서 우리는 그의 다양한 관심사를 엿볼 수 있다. 1881년 그의 생애 마지막 겨울, 그는 벤트너Ventnor에서 한 친구(E J Harding)에게 다음과 같은 교훈적인 편지를 썼다[48].

"사랑하는 형제에게,
 형제의 친절한 편지를 받고 또 추운 날씨에도 그곳에 안전하게 도착해서 정착했다는 소식을 듣게 되어 기뻤습니다. 그곳은 우리 영국인들이 느끼는 캐나다보다 형제와 같은 캐나다인들에게 더 춥게 느껴질 겁니다. 나는 그곳이 좋았습니다. 하지만 그곳이든 이곳이든 하나님께서 우리를 두신 곳이 우리의 거처이며, 그분의 임재를 기대할 수 있는 축복의 장소입니다. 그분은 어디서든 오래 참음과 완전한 인자하심으로 우리를 보호하십니다. 그러나 그분의 임재는 그분의 뜻 안에서만 우리에게 계시되는데, 곧 우리로 그분의 얼굴빛 가운데서 행하도록 하기 위한 것입니다. 그분은 애굽에서 아브라함을 보호하셨지만, 벧엘에서 다시 벧엘로 돌아올 때까지 아브라함은 단을 쌓지 못했습니다.

 나는 형제 부부가 그 길에 있다고 전적으로 믿고 있습니다. 나는 젊은 부부가 처음에 삶의 역경을 함께 통과하는 것을 부정적으로 보지 않습니다. 그런 일은 두 사람의 마음을 결속시켜 줍니다. 물론 훨씬 더 높고 나은 결속이 있긴 합니다만, 현재의 환경을 헤쳐 나가면서 서로 주고받는 위로와 도움이 두 사람의 마음을 하나로 결합시켜줄 것입니다. 이는 이 땅의 삶이 작은 일들로 이뤄져 있기 때문

---

[48] 1881년 11월 10일 씀

입니다. 남편이 추위와 피곤으로 찌든 몸으로 집에 돌아왔을 때 아내가 반가이 맞으며 위로를 줄 수 있다면, 그것은 서로가 서로를 끊임없이 필요로 한다는 증거이며 그것은 대단히 중요합니다. 부부란 서로를 돌보는 존재입니다. 그리고 사랑이 있는 한 그런 돌보고자 하는 마음은 더욱 커지게 마련이며, 나는 그것이 참으로 중요하다고 생각합니다. 아울러 서로 전적으로 신뢰하는 마음이 따라야 합니다.

그러나 사랑하는 형제여, 이 모든 것은 그리스도께서 서로에게 모든 것이 되심으로써만 유지됩니다. 그렇게 될 때 비로소 자아가 제거되며, 그리스도의 은혜가 마음 가운데 역사하여 모든 어려움을 극복하게 해줄 것입니다. 그리고 그리스도께서 이 모든 것을 뛰어넘는 우리의 유일한 동기가 되는 한, 상대방은 사랑과 사려 깊은 섬김의 대상이 될 것입니다. 그러나 우리 자신을 위해서도 그분은 모든 것이 되시며, 우리 영혼에 빛이시며, 하나님의 사랑의 복스런 표현이요 전달자이십니다. 그리고 그런 삶을 위해서는 정말 깨어있어야 합니다. 우리를 둘러싼 모든 것은, 심지어 매일의 의무까지도 끊임없이 그분에게서 멀어지도록 우리를 유혹하고 영적으로 약하게 만듭니다. 그분께 붙어 있을 때, 그 때 우리는 그분의 사랑을 의식하는 가운데서 모든 것이 부드럽게 진행되어 가는 것을 누릴 수 있습니다. 그때 우리는 그분께 모든 것을 맡기고 의지할 수 있으며, 아무것도 그분의 사랑에서 우리를 끊어내지 못합니다. 세상의 유혹은 그 힘을 잃어버립니다. 왜냐하면 우리 마음이 다른 세상에 가있기 때문입니다. 하지만 우리가 받는 유혹의 90%는 대개 그렇게 다가오지 않습니다. 예를 들어, 자식이 기차에 치일 것 같은 상황을 본 어머니는 거리의 반짝이는 장식물에 눈길을 줄 수 없을 것입니다. 그렇다면 그리스도를 섬기기 위해 우리가 해야 할 의무는 무엇일까요? 그리스도와의 거룩한 친밀함이 영혼의 능력이요 빛입니다. 그분은 그 친밀함 안에서 우리를 격려하시는데, 이는 그분이 사랑으로 충만하시기 때문입니다. 마태복음 17장 끝에 보면, 그분은 베드로를 얼마나 친밀하게 대하시는지 모릅니다! 반 세겔은 성전에 내는 세요, 여호와께 내는 세였습니다. 그분은 모든 것을 친히 아시고 또 피조물에게 명하여, 즉 물고기에게 명하여 그 필요한 금액을 가져오도록 하실 수 있음을 보이시며 베드로에게 이렇게 말씀하셨습니다. '그러나 우리는 - 너와 나는 자녀이므로 세를 낼 필요가 없으나 - 저희로 오해케 하지 않기 위하여… 나와 너를 위하여 주라.' 그리고 모세와 엘리야에게 말씀하셨듯이 자신의 죽음에 관해 제자들에게 친밀하고 친숙하게 말씀하셨습니다. 우리에게 있는 분은 인자하고 복스러운 구주십니다. 그분은 우리가 그분 가까이 있는 걸 기뻐하시며, 곧 우리를 영원토록 그분 가까이 있게 하고 그분처럼 되게 하실 것입니다. 그분이 형제에게 역사하심으로써 날마다 점점 그분을 닮게 하시기를 빕니다! 그분과의 친밀함을 개발하십시오. 그것은 양심을 소성시키고 마음을 즐겁게 합니다. 형제는 비교적 젊은 그리스도인이고, 나는 연로한 그리스도인입니다. 그러나 그분은 우리가 바라는 모든 것이며, 우리 각 사람에게 맞게 반응하시는 분입니다. 형제는 앞에 놓인 여정 중에 그분의 보호를 경험할 수 있으며, 나는 뒤를 돌아보며 모든 묵상과 찬양 위에 뛰어난 그분의 오래참음과 신실하심과 선하심을 볼 수 있습니다. 내가 그분과 영원토록 함께 할 시간이 점점 가까워 온다는 건 생각할수록 놀랍습니다. 형제는 갈 길이 많이 남았고 나는 거의 끝나갑니다. 형제는 돕는 배필이 있지만, 나는 홀로 이 길을 걸어왔습니다. 하지만 그분의 인자와 신실하심이 이 모든 걸 뛰어넘습니다.

　당신의 아내가 나에게 베푼 친절을 기억합니다. 이제 그녀를 새로운 이름으로 불러야겠네요. 어쨌든 그녀의 친절한 문의에 감사드립니다. 일단 약혼을 하면 너무 지체하지 않고 결혼하는게 좋다고 생각합니다. 물론 얼마간 준비 기간은 필요하겠지만 말입니다. 주님께서 두 사람을 넘치도록 복주시기를 바랍니다. 사랑하는 형제여, 비록 멀리 떨어져 있지만 형제와의 사귐을 더욱 돈독히 할 수 있어서 참 기쁩니다. 다만 형제의 심령이 그리스도와 함께 있기를 빕니다!

주 안에서 형제를 사랑하는<br>J. N. D."

또 한 형제[49]에게는 이렇게 썼다.

"사랑하는 형제에게,
　형제가 주어진 일을 좋아하고, 그 일을 통해 필요를 공급받는다니 기쁜 일입니다. 나도 늘 필요를 주님께 의존하고 있습니다. 그것이 하나님과 함께 일하는 비결입니다. 비록 아무 소리는 들리지 않지만 오래 지속되며 발전의 디딤돌이 되어줍니다. 하나님께 감사하게도 몸이 많이 좋아졌습니다. 형제의 문의에 대해선 간단하게 답하겠습니다.

---

49) 1881년 2월 7일 런던에서 W Moore에게 씀

하나님의 말씀 안에 심오한 것이 없는 것은 아니지만, 그분의 은혜와 영으로 탐구해보면 정상에 서있는 우리에게는 항상 말씀이 명백하게 다가옵니다. 그 때 우리는 말씀을 그분에게서 받습니다. 크림은 표면에 있는 법입니다. 연구와 탐구가 필요 없다는게 아니라 우리가 그것을 하나님께로부터 받으면 그것이 명백하고 또 표면에 있는 것처럼 다가온다는 것입니다. 하나님께서 가르쳐주실 때까지, 그 때까지 우리는 기다려야만 합니다. 형제가 언급한 구절은 매우 일반적인 말씀입니다. 큰 집에서는 귀한 것과 천한 것과 온갖 종류의 그릇이 있기 마련입니다. 기독교계는 이미 그처럼 큰 집 상태가 되었으며, 따라서 그럴 것이라고 예상할 수밖에 없습니다. 거짓된 교리가 어떤 사람을 특징짓게 되면, 그는 천히 쓰는 그릇이 됩니다. 또 퓨지파, 로마 가톨릭, 그리스 정교회 등과 같이 성례전의 오류를 가르치는 자들은 천히 쓰는 그릇입니다. 여기엔 몇몇 예만 언급했을 뿐입니다. 우리는 그런 것들을 말씀으로 잘 분별하고, 우리 자신을 그런 것들에서 깨끗케 해야 합니다.… 주님께서 형제를 계속해서 겸손케 하시고, 또 그분과 가까이 동행하게 해주시기를 빕니다."

다비의 서신 가운데 두 편의 서신을 더 소개하겠는데, 독자들은 가능하면 다비의 서신을 모은 서신집을 구입해서 보시길 권하고 싶다. 거기엔 영적인 교훈만이 아니라 그의 인간적인 면모가 풍성하게 나타나 있다. 아래의 편지 중 첫 번째는 어린 자식을 잃고 깊은 슬픔에 빠진 분에게 보낸 것이다.

"사랑하는 따님이 먼저 갔다니 어떻게 위로의 말을 드려야 할 지 모르겠습니다. 진심으로 위로의 말씀을 드립니다. 이 세상은 죽음이 왕노릇하는 곳이긴 하지만, 그리스도 안에 있는 사람에겐 죽는 것도 유익합니다. 주님은 첫째 아이를 데려가심으로써, 형제에게 다른 사랑할 대상들을 남겨두셨습니다. 그 첫째 아이는 나머지 아이들보다 더 소중히 여겨지게 마련입니다. 이제까지는 말하자면 생명이 왕노릇하며 생명의 열매가 사랑스런 자녀들 안에서 자라나고 있었습니다. 그러나 갑자기 죽음이 찾아와 '예스'라고 말합니다. 안타깝게도 나는 죽음이 왕노릇하는 이 세상에 있습니다. 우리에게 남은 모든 것에는 죽음의 '예'라는 말이 새겨져 있습니다. 그러나 하나님께서는 자비하게도 그 어린 딸에 대한 모든 추억을 남겨두셨습니다. 그리고 언젠간 형제는 이러한 추억을 뒤로 하고 딸아이와 함께 변화된 몸으로 그리스도를 만나기 위해 하늘로 올리울 것입니다. 슬픔과 그것을 동정하는 것은 물론 차이가 있습니다. 그러나 나사로의 무덤 앞에서 주님께서 죽음에 대해 느끼신 감정은 내가 믿기에 마르다와 마리아의 감정보다 훨씬 깊었습니다. 그것은 단순히 나사로를 잃어버린 것에 대한 슬픔이 아니라 (마르다와 마리아의 슬픔은 그런 것이었습니다) 죽음이 인간에게 의미하는 모든 것에 대한 슬픔이었습니다. 그리고 하나님께서 사랑으로 그 죽음을 바라보실 때 느끼시는 마음이었습니다. 형제의 어린 딸이 갔습니다. 그러나 그 아이는 그리스도께로 갔으며, 그리고 그분은 부활이요 생명이십니다. 이 세상에서 죽음의 권세를 지니셨던 그분이 우리를 위해 친히 죽음으로 들어가셨다니 얼마나 놀라운 일인지요! 오, 그분은 모든 면에서 얼마나 완전하셨는지요! 형제와 형제의 아내에게 그분을 바라보도록 권합니다. 그분은 모든 손실을 완전하게 회복시키시며, 그분 안에서 우리는 아무것도 잃지 않습니다. 그분은 형제의 딸아이에 대해 형제보다 더 낫고 더 복스런 권리를 가지고 계셨고, 그러기에 그 아이를 자기에게로 불러 가신 것입니다. 우리는 그렇게 밖에는 달리 말할 수 없습니다. 그분께서 그 속의 신성한 선함 divine goodness의 새 잎이 이 땅에서 더럽혀지기 전에 그 아이를 취해가셨습니다. 자비로운 주님께서 모든 것을 형제에게 축복으로 돌려주시기를 빕니다. 남은 자녀들은 나와 사랑으로 결속되어 있다는 사실을 잊지 마십시오.

주 안에서 사랑하는 당신의 벗"

이제 마지막으로 소개할 편지는 앞의 편지와 상당히 다른 배경에서 쓰여 졌지만, 역시 자식이 없는 다비의 어버이 같은 심정을 잘 드러내 준다.

"사랑하는 형제에게[50],
주님 일에 대한 새로운 소식을 들려주는 형제의 편지는 항상 즐거움을 줍니다. 하나님께 감사하게도 전반적으로 축복의 때를 맞고 있는 듯합니다. 물론 싸움이 전혀 없거나 대적이 간교한 전략으로 우리를 당혹케 하는 일을 멈춘 건 아닙니다. 그러나 여전히 주님께서 역사하고 계시며, 모든 것이 합력하여 선을 이루고 있습니다. 내가 바라고 고대하는 바는, 주님께서 함께 하시고 넘치도록 은혜를 베푸시도록 형제들이 온전히 충성스럽게 증거하는 일을 해나가는 것입니다. … 오, 할 일이 얼마나 많은지 모릅니다! 그럼에도 주께서 친히 자기 일을 이루실 것입니다.

---

50) 1873년 12월 해이튼 터너 Hatton Turner에게 보낸 편지

나는 형제가 갓 태어난 아기를 돌보는 법을 배워두었으면 합니다. 우리가 들은 바로는 형제가 아기를 잘 돌보지 못하는 듯합니다. 그 일은 주님께서 이 세상 일 보다 더 높은 목적을 위해 형제에게 주신 책임입니다. 부모를 전적으로 의존하고 있는 아기에게 충분한 사랑을 베풀도록 하세요. 부모에겐 자신을 희생하는 것일 수도 있습니다. 하나님의 선하심 아래 그 일을 하십시오. 지금은 아이가 너무 어려 손이 많이 가겠지요. 하지만 사랑의 관계는 그렇게 일찍 시작될 겁니다. 이 세상은 지나가고 끝이 나지만, 우리가 이 땅에서 한 일은 결코 사라지지 않습니다. 천한 그릇이 아닌 한 그럴 것입니다. 주님께서 형제의 어린 아기와 형제에게 복을 주시기를 빕니다.

J. N. D."

위의 편지들은 다비를 잘 알지 못하고 또 별로 사랑하지 않을뿐더러, 늘 종교적인 논쟁과 불화 가운데 살기를 좋아하고 또 거칠고 사나운 교회 지도자로 오해해온 이들에게, 그의 인품에 대해 새로운 빛을 던져준다.

여러 가지 다비의 글을 모은 책 「기타 선집Miscellaneous」을 읽어본 이들은 잘 알겠지만, 그가 마음에 통감하고 강력히 자기견해를 밝힌 문제(1832년의 아일랜드 교육법안)를 다루고 있는 공적인 성격을 띤 한 서신[51]은 많은 이들에게 그의 인품과 그가 고수한 원칙에 대해 색다른 시각을 갖게 해줄 것이다.

---

51) 이 편지는 정기 간행물에 실기 위해서 다비가 쓴 편지이다. 1832년 더블린 그래프톤 스트리트에 있는 R M Tims에 실렸다.

"친애하는——에게,

당신에게 이렇게 공적인 서한을 띄우는 목적은 어떤 개인적인 감정을 표현하려는 것이 아니라 원칙들을 알아보려는 것입니다. 세간에 알려진 당신의 주장 때문에 부득불 이렇게 펜을 들게 되었는데, 여기서 말하고자 하는 이 문제는 내 마음에 적지 않은 충격이 되었습니다. 반성경적인 교육 제도를 두고 시(市)에서 가진 공적인 성격의 모임에 대해선 여기서 언급하지 않겠습니다. 당신은 그 회의에 참석하셨고 또 발언을 하셨습니다. 그러나 나의 목적은 당신이 한 연설의 성격을 따지는데 있지 않습니다. 신부인 어린양의 아내와 교회의 머리되신 그리스도의 결합을 교묘히 위장한 사탄의 배도적인 대체물인 불신앙으로 가득한 국가와 교황을 머리로 둔 교회 간의 거룩치 못한 결합이 이 불행한 나라에 선포되었기에, 하나님 아래서 내가 믿고 있는 성경적인 원리를 호소하지 않을 수 없게 했습니다. 이 성경의 원리들을 호소함으로써, 그렇지 않으면 혼란에 빠질 수 있는 이들을 안전에게 붙들어주고, 하나님을 향한 모든 원칙과 충성이 사악하게 공격받는 이때에 하나님 앞에서 적어도 이 땅에서, 우리의 권리를 공적으로 표현하려는 것입니다. 그러나 당신은 성경적인 믿음으로 인정하고 따르는 사람들 뒤에서 반대편 사람들을 따르고 있었습니다. 적어도 그것은 비우호적인 처사였습니다.

하지만 대주교가 취해온 노선을 고려하면, 당신이 그의 뒤에 있었던 건 다행스런 일이었습니다. 권위와 그 주변 상황은 그 실상을 뒷전에 숨기고 있습니다. 그리고 내가 보기에 정통주의를 표방하고 있는 공적인 상황은 이 나라의 성직자들로 하여금, 그들을 다스리는 대주교의 원칙들을 제대로 보지 못하게 하였고 또 눈멀게 하였습니다. 그런 원칙들을 따른다는 것은 대단히 유감스런 일입니다. 주교들의 거룩한 예복이 눈앞에 뻔히 보이는 잘못된 원칙들을 보지 못하도록 가리고 있습니다. 문제의 경위는 이렇습니다. 한 가지 계획이 착수되었는데, 그 목적은 이 나라 학교 교육에서 성경을 제거해버리는 것입니다. 이는 가난한 사람들의 필요를 고려하였거나, 그들의 요구를 반영하는 것이 아닙니다. 나는 이미, 스탠리의 말대로, 사제들의 왕성한 활동이 오히려 사람들이 하나님의 말씀과 은혜로우신 하나님을 배우는 일을 방해하고 있다는 점을 지적했습니다. 사람들의 편견을 없애는 일을 하는 것이 아니라, 오히려 용인하는 일을 하고 있습니다. 우리는 로마 가톨릭이 표방하고 있는 원리들이 그런 일을 하고 있는 것을 보고 있습니다. 성경은 하나님의 거룩하심 만이 아니라 그분의 사랑과 그리스도 안에 나타난 그 특별한 사랑을 증거하는 책입니다. 대주교는 자신을 그런 일을 하는 대표자로 내세웠지만, 자신이 처한 상황에 맞게, 그리고 그들의 원칙에 따라서 사제들을 만나 공식적으로 계획을 세움으로써, 그리스도 안에서 나타난 하나님의 사랑을 증거하는 이러한 증거의 책을 학교에서 없애버리는 일을 실행했던 것입니다. 스탠리는 그것을 용인하고자, 이전 교육 제도의 중대한 결함을 지적하고 나섰습니다.

그러나 성직자들은 이 일을 많이 염려하고 있고, 평신도들도 그에 못지않습니다. 내가 아는 한 그들은 모두 염려하고 있습니다. 그리스도인들이 하나님의 사랑에 부응해서, 봉사하고 섬기는 원동력은, 그리스도를 아는 지식과 그리스도의 사랑에서 나옵니다. (왜냐하면 기독교는 하나님의 사랑의 활동이기 때문입니다.) 그리스도를 인격적으로 인식하고 아는 것이 모든 신학의 핵심이요 원천입니다. 이러한 것을 보게 해주는 것이 믿음의 실체입니다. 그래서 "아들을 보고 믿는 자마다 영생을 얻는다"(요 6:40)고 말씀하고 있습니다. 이것을 보지 못하는 사람은 이 어두운 세상 가운데 버림받게 될 것입니다.

더블린의 대주교는 사벨리안 주의를 따르는 사람입니다. 이 일이 그 성직자를 어떤 고통스런 상황에 처하게 할지는 내가 판단할 일이 아닙니다. 국교회의 감독 아래 있는 평신도들은, 자신들을 위해서 그 사람과 맺고 있는 관계를 진지하게 생각해야 합니다. 그러나 사벨리안 주의Sabellianism는 매우 의심스럽고 이단적인 견해로 간주해야 합니다. 당신은, 사벨리안 주의가 성부와 성자 간의 구별을 모호하게 만듦으로써 정통 기독교 교리 뿐만 아니라 모든 중요한 기독교사상의 뿌리에 타격을 가한다는 사실을 알아야 합니다. 아버지께서 아들을 보내셨고, 아들이 아버지께 순종하신 기독교 진리의 근간이 그 불신앙적인 이론에서는 종적을 감추게 됩니다. 성품에 있어선 삼위일체지만, 위격에 있어선 삼위일체가 아니라는 그 이론은 인간의 오만한 이성(理性)에서 자연적인 이성을 초월하는 것을 추방시킬 뿐만 아니라, 동시에 죄인이 믿음에 의해서 의지할 수 있는 근거 전체를 송두리째 빼앗아갑니다. 사람들은 종종 삼신론을 범하는 죄를 짓지만, 이런 점에서 사벨리안 주의를 따르는 사람들은 이것을 피하고 있다고 할 수 있습니다. 하지만 그들은 또 다른 방법으로 신앙을 무너뜨리고 있습니다.

나는 사벨리안 주의란 용어를 좋아하지 않습니다. 그러나 하나님의 아들의 위격the Personality of the Son of God이 공공연히 공격받는다면, 나는 그런 공격을 하는 장본인은 로마 가톨릭의 원리들을 만족시키기 위해 성경을 공공연히 거절하는 불신앙적 행위를 최초로, 공개적으로 범하는 자가 될 것임을 믿어 의심치 않을 것입니다. 그런 일을 하는 자가 과연 그럴 자격이 있는지 알아보는 일은 무익하지 않을 것입니다. 과연 사람들이 뒷전에서 얼마나 만족하며 따라가는지, 그런 자에게 정말 순종을 고백하는지 여부는 그들의 양심과 그리스도께 대한 충성도에 맡길 수밖에 없습니다. 확실히 그 대주교의 운명은 불행했습니다. 교회와 국가의 연합에 반대한 자로 널리 알려진 그는, (만일 운명이란게 있다면) 최초로 사벨리안 사상의 공적인 대표가 되어, 그 불신앙의 파괴적인 결과를 널리 확산시킨 장본인이 되고 말았습니다.

웨이틀리 박사Dr. Whately는 어쩌면 태도가 부드럽고 상냥하고, 또 일에 있어서 능률적일지 모릅니다. 그러나 사실은 사실이요 원칙은 원칙입니다. 그리고 재능(이 아무리 뛰어나더라도)과 솔직하고 친절한 태도는 무분별한 사람들을 속이는 올무에 불과한 경우가 많습니다. 사탄은 죄악을 보기 흉하게 만들만큼 어리석지 않습니다. 그런 이론들은 내가 보기엔 기독교의 핵심 원리의 측면에서는 이단적이고 불신앙적일 뿐만 아니라, 그 글의 저자가 처한 상황을 고려하면 슬프게도 원칙이 결여되어 있습니다. 그러나 웨이틀리 박사처럼, 가톨릭의 가르침과 예배의 핵심 요소가 '신성모독적인 우화요 위험천만한 속임수'라고 공언한 사람이, 이 나라 대다수 어린이들의 교육을 담당하는 중심 인물이란 사실을 생각하면 나는 놀라지 않을 수 없습니다. 거기엔 강한 성경적인 원칙도 없고, 복음의 진리도 없으며, 복음의 은혜 또는 복음적인 원리도 발견할 수 없습니다. 나는 이보다 더 매정하고 파렴치한 일을 들어보지 못했습니다. 또한 비록 웨이틀리 박사가 자신을 높은 위치에 올려놓은 표준을 느슨하게 붙들고 있다 하더라도 그런 구실이 그에게 더 나은 은신처가 되어주지는 못할 것입니다. 그가 어린이들에게 제공한 가르침의 결과에 대해선 그 자신의 말을 통해 소개하겠습니다. 그가 쓴 글에서 인용할 것입니다. 그의 글 속엔 주제를 온전히 파악하고 있지 못하다는 인상을 지울 수 없지만, 현 시점에서 그것은 중요치 않습니다.

'신앙고백을 공적으로 정확히 밝히는 것 자체가 오류를 막는 충분한 안전막이 되어주지는 못한다. 가톨릭교도들은 비록 동정녀와 성인들과 성상과 유물에 대한 숭상을 (즉 성모 마리아 숭배와 성인들 숭상hyperdulia and dulia을) 허용하고 있으면서 하나님만 예배를 받으셔야 한다는 진리를 분명히 인정하기 때문에, 자기들은 우상숭배에서 안전하다고 자부하고 있다. 그에 대해선 이렇게 적절히 답변할 수 있다. 즉 설령 그러한 구분 자체가 옳다 해도, 대다수 사람들은, 경험이 입증하듯이 곧 그들의 습관적인 예배에서 그것을 거의 구분하지 않고 있기 때문에 그런 구분은 사실상 아무 쓸모없다는 것이다.'

사람들이 스스로 안전하다고 자부할지라도, 그들을 우상숭배에 빠뜨릴 것이 뻔한 가르침으로부터 그들을 안전하게 지키는 것은 지각이 있고 또 양심을 가진 사람에게는 행복한 일이 될 것입니다. 이 주제를 다루기엔 지면이 부족할 것 같아 이 부분에 대해선 더 이상 언급하지 않겠습니다. 이에 대한 일반적인 원칙들은 이미 충분히 알고 있을 거라 믿습니다.

앞서 이 주제를 간략히 살펴보면서 나는 내 자신의 견해나 느낌은 피력하지 않았습니다. 그것은 아무 견해나 느낌이 없어서가 아니라 다만 다른 이들의 양심을 위해 사실만을 전달하기를 바랬기 때문입니다. 하나님께서는 악에서 선을 끌어내실 수 있습니다. 그러나 이런 종류의 상황은 하나님의 자녀들의 신실함을 시험하는 것에 불과합니다. 우리가 알아야 할 것은, 하나님은 지위를 달리 하실 수는 있지만, 웨이틀리 박사의 말대로 성부와 성자의 위격(位格)에 있어선 아무 구별이 없다는 것입니다. 이런 경우에 성직자가 어떤 태도를 취해야 하는지는 그들 자신에게 맡기겠습니다. 그러나 그리스도인이 취해야 할 태도가 무엇인가에 대해선 난 조금도 의심치 않습니다.

오 하나님, 당신의 교회를 다스리고 또 먹여야 할 자들이, 겉으론 진리를 고백하는 척 하고 있지만, 당신의 온전한 영광이 걸려 있는 진리들을 부인하고 있고, 당신의 아들의 위격과 교회를 사랑하사 위하여 자신을 주신 그 사역을 부인하고 있을 때, 당신 교회는 과연 어떠한 시련을 당할런지요! 오 주님, 당신의 백성을 생각하시고, 저들에게 충성하는 마음과 지혜를 허락하여 주셔서 주의 이름의 영광에 합당한 성도가 되는 일에 힘쓰게 하여주소서. 그리고 당신이 보내신 자, 말씀이 육신이 되어 오신 예수를 통해서 나타난 당신의 사랑을 알게 해주시고, 모든 사람들로 하여금 자신들에게 주어진 것을 따라서 한 성령으로 아버지를 공경하듯이 아들을 공경하게 하여

주옵소서! 아멘.

그대의 진실한 친구
J. N. D."

### 다비의 저서 목록

그의 일생을 바친 그리스도께 대한 헌신과 그리스도께서 관심하신 것만을 자신의 관심으로 삼음으로써 전심으로 좇았던 증거가 그의 저서 속에 고스란히 녹아 있다. 다비의 방대한 저서에는 다음과 같은 것들이 있다.

윌리엄 켈리W. Kelly가 편집한 다비 전집The Collected Writings 34권 :

변증서Apologetic 2권
비평서Critical 1권
교리서Doctrinal 9권
교회를 주제로 한 설교 및 글 모음집Eccelsiastical 4권
복음설교집Evangelical 2권
강해 및 주해서Expository 7권
다양한 주제를 다룬 기타 선집Miscellaneous 3권
성도의 삶, 경건한 삶을 주제로 한 설교집Practical 2권
예언을 주제로 한 설교집Prophetic 4권

기타 무수히 많은 글과 소책자들을 발간했지만, 다비 전집에 누

락된 것들이 더러 있다. 이러한 것들을 모아서 책으로 출판하려는 노력이 계속되고 있다.

다비의 성경주석 시리즈Synopsis of the Books of the Bible - 5권
성경에 대한 노트 및 주석Notes and Comments on Scripture - 7권
노트 및 비망록 모음Notes and Jottings - 2권
찬송들Hymns - 다비가 작사한 찬송 가운데 27곡이 신령한 노래들 Spiritual Songs에 수록되었다.

다비는 성경을 다양한 언어로 번역하는 일을 했던 명석한 학자였다. 그가 번역한 성경에는 독일어성경(엘버펠더 역본Elberfelder translation으로 1853년 출판), 프랑스어성경(파 브베 역본PauVevey translation으로 19859년 출판), 영어성경(새 역본New Translation으로 1869/72년 출판), 네덜란드 신약성경(보흐르 역본Voorhoeve Translation으로 1877년 출판) 등이 있다. 가장 중요한 것은 1891년에 발행된 이탈리아 신약성경이다. 제3차 스웨덴 신약성경 역본은 1961년에 발행되었다. 이것도 다비의 저작에 포함되었다. 다비가 번역한 성경에 대한 추가적인 내용은 부록 5를 참고하라.

# 제 8장
# 삶과 영향력

"오! 나와 함께 거하소서.
그 하늘빛을 내게서 가리는 일이 없도록
산란한 생각이 일절 틈타지 못하게 하소서.
주께서 나의 힘이 되어 주소서! 주께서 주신 것이
나태한 육신의 초라한 즐거움에게 쫓겨나지 말게 하소서."
J. N. 다비. 1879년.

"그리스도께서 내 삶에 유일한 목적이었습니다. 내게 사는 것이 그리스도였습니다."

"하나님의 권위를 인정할 때, 그 때 하나님을 사랑하는 마음이 작동하기 시작할 것입니다."

존 넬슨 다비가 오랜 나그네 여정을 마칠 즈음 남긴 위의 고백들은 그의 생애를 아주 적절하게 요약해 준다. 그가 하나님과의 화평에 들어가게 된 그 날부터 찬송 받으실 구주의 어떠하심이 그에게 전폭적인 충성과 사랑을 요구했다. 그의 논쟁적인 작품들을 대한 독자들은 그 다뤄진 주제가 무엇이든지 자연스럽게 우리 마음이 그리스도의 인격과 사역과 권리 주장으로 이끌림을 받지 않을 수 없을 것이다. 다비가 지은 시 모음집 「신령한 노래Spiritual Songs」52)를 묵상하다보면 깊고 진실하고 정성어린 헌신을 이끌어내는 일종의 계시를 받게 되며, 고결하고 아름답게 표현된 경건의 열망에 감동을 받아 나도 모르게 동일한 열망을 토로하지 않을 수 없게 된다. 참 그리스도인이라면 그 그윽한 멜로디에 심취하게 되며, 하나의 사슬로 묶이게 된다. 이러한 다비의 찬송과 찬양시들을 읽고 또 묵상하다보면, 순전한 나드향이 온 집 가득히 향내로 채우는 듯한 천상의 향기가 흐르는 것을 느낄 수 있다.

초기에 쓴 한 작품에서 그의 열렬한 영혼은 이렇게 부르짖었다.

"주님! 오직 주님만을 바라게 하소서.
내 평생에 바랄 것은
이 땅에서 주님만 섬기면서
주님이 주시는 천상의 축복을 누리는 것이옵니다.
오 안식이여! 말로 형언할 수 없이 거룩하고 거룩한
위에 계신 하나님의 안식이여,
거기서 영원토록 주께서 나의 기쁨,
나의 영원한 사랑이 되시리!"

많은 사람들이 그의 가장 훌륭한 시중 하나로 꼽는 다음 찬송시는 역경 중에 지어진 것이기에 더욱 우리의 관심을 끈다. 1845년 다

---

52) 다비의 찬송에 대한 프랭크 월리스Frank Wallace의 추가적인 평가를 보려면 부록 4를 보라.

비는 엄청난 교회적인 분쟁에 휘말렸는데, 그 때 그는 다음과 같은 성도의 안식에 대한 고귀한 시를 지었다.

"위에 있는 성도의 안식,
하나님의 예루살렘이여!
그 사랑의 궁전에서
황금 길을 걷는 그 기쁨이여.

그곳에서 누릴 성도의 기쁨은 무엇일까?
그 궁정은 질병이 없는 곳,
하나님이 친히 거하시는 곳,
모두의 마음이 기쁨으로 가득한 곳이라.

누가 내게 그 기쁨을 말해주랴?
성도가 운집한 궁정의 환희를,
내 영혼이 간절히 바라는
그 찬란하고 향기로운 궁정의 기쁨을,

오직 거기서 내 영혼은
항상 힘을 얻네.
영원한 생명, 영원한 기쁨을
항상 누리는 곳이라.

거기는 하나님과 어린양이 계시고
빛과 성전이 있으며

찬란히 빛을 발하는 천군천사들이
밝히 드러난 비밀을 영원토록 노래하리라."

"들으라, 수많은 외침을Hark, Ten Thousand Voices, Crying"이라는 잘 알려진 또 한편의 시는 그가 안질(眼疾)로 어두운 병상에 누워 고생하던 중에 지은 것이다. 경배와 찬양으로 넘치는 시에는 그가 당시에 겪던 고난의 슬픈 그림자의 흔적이 조금도 서려있지 않다. 분명 그것은 시인의 영혼의 상태를 말해준다.

그 가치에 비해 그리 잘 알려지지 않은 또 한 편의 시가 있는데, 역시 유사한 상황에서 지어졌다. 1867년 다비는 캐나다를 여행하던 중 무서운 질병에 걸렸는데, 중세가 하도 심해서 함께 머물던 친구들은 그가 죽을까봐 의사를 불러오기까지 했다. 다비는 얼마 후 병세가 약간 호전된 후, 여전히 쇠약한 몸을 일으키고는 "슬픔의 사람The Man of Sorrows"이란 제목으로 출간된 시로 그 영혼의 묵상을 토해냈다.

그 시는 구유에서 태어나신 때부터에서 자기 사람들을 데려가기 위해서 강림하실 때까지, 우리 주님의 생애 전체를 멜로디에 실은 서사시(敍事詩)이다. 200여줄 밖에 되지 않는 시 전체가 시인이 사모하는 대상에 대한 경외심과 사랑으로 넘쳐나 있기에 그것을 대하는 모든 그리스도인은 내내 감동에 젖게 된다. 그 가운데 몇 소절만 소개하겠다.

"당신은 동정의 마음을 찾으셨나이다.
당신의 슬픔을 헤아리고자 하는 마음과
당신의 수난의 시간을 지켜보고자 하는 마음과
두려움 중에 위로가 될만한 마음을 찾으셨나이다.
당신을 동정하는 눈길도 없었고,
당신의 두려움을 함께 느끼고픈 마음도 없었나이다.
그저 수치와 조롱과 침뱉음 외에는,
아무도 당신의 이름을 알고 싶어 하는 사람은 없었나이다.

오만한 권좌에 앉은 빌라도는
그저 자신의 손을 씻을 뿐이었고,
약한 자를 변호해야 할 제사장들은
당신을 고발하는 일을 할 뿐이었나이다!

인간의 떠벌리는 사랑이 당신을 부인했고,
당신의 사람들은 위험에 처한 당신 곁을 떠나 달아났고,
오직 유다만 당신을 시인했으나,
그것도 당신을 팔아먹기 위함이었나이다.

오 주님! 당신의 놀라운 생애를 듣고,
내 속의 영혼이 감동되옵나이다.
당신의 영광을 바라보며,
당신이 외로이 걸어간 사랑의 길을 깊이 묵상하나이다!"

다비는 이 아름다운 시를 완성한 후 곧 병이 재발하여 상당 기간

다시 병상에 누워있어야만 했다. 다비가 시를 지은 일에서 한 가지 흥미로운 사실은 영성이 탁월한 많은 작품들이 그런 큰 시련과 압박 중에 지어졌다는 것이다. 앞서 언급한 "성도의 안식"은 엄청난 교회적인 불안과 혼란의 시기에 출간되었으며, 기이하게도, "영화로운 주여, 우리가 주를 찬양하나이다!We praise Thee, Glorious Lord!"라는 극히 아름다운 시는 1881년 노쇠한 역전의 용사인 그가 또 다시 교회적인 분쟁의 중심인물이 되었을 때, 한 병든 친구를 위로하기 위해 지은 것이다. 그 마지막 연(聯)은 그 당시 다비의 마음상태가 어떠했음을 잘 드러내 준다.

"예수여, 우리는 당신을 기다립니다!
당신이 우리 편이 되어 주시면
얼마나 기쁨과 축복이 되는지
당신이 계신 곳에 우리도 있기를 원합니다."

몇 달이 지나지 않아 그 해 11월에, 우리는 그가 또 한 친구에게 새로운 찬송시를 이런 글귀와 함께 적어 보낸 것을 볼 수 있다.
"찬송시를 하나 적어 보냅니다. 당신이 좋아하는 시를 보고 적은 것인데 당신이 좋아하는 그 시는 아마 당신을 종종 나약하게 만들었을 것입니다. 하지만 이 시는 나약함이 없는 곳으로 올라가게 해 줄 것입니다."

"주여, 내가 당신을 기다립니다.
주여, 당신을 뵙기를 갈망합니다.
당신을 고대합니다.

당신이 다시 오실 그 날을 기다립니다.

주여, 당신과 영원히 함께 있기를 원합니다.
주여, 우리 마음은 주를 심히 사모합니다.
당신이 다시 오실 그 날에
우리의 슬픔은 끝날 것입니다."

존 넬슨 다비를, 자신의 학파를 일으켰고 또 회복으로 간주되든 혁신으로 간주되든, 그 성격과 결과에 있어서 확실히 변혁적인, 교회의 부르심과 성격에 관한 또 하나의 새로운 견해에 헌신했던 교사로 바라보는 많은 이들에게, 그의 내면의 단순하고 열정적인 묵상으로 흘러넘치는 위의 글들은 다소 의아하게 보일 것이다. 그러나 다비의 생애는 기이하고도 뚜렷한 대조들로 가득하다. 그는 묵상의 사람인 끌레르보의 버나드St. Bernard of Clairvaux의 부드러움, 그리고 진리에 대한 열정과 이단사설에 대한 증오심으로 가득한 도미니크St. Dominic의 불타는 듯한 강인함을 겸비했다. 그는 하늘에 속한 것들에 심취하는 신비로움과 철저히 교회 중심적으로 생각하는 냉철함을 겸비했다. 그는 항상 누군가 하나님의 종에게 줄 약간의 사례비를 주머니에 넣고 다닐 만큼 자상한 마음을 가지고 있었고, 그래서 더할 수 없이 기품 있는 성자의 모습을 갖추고 있었지만, 다른 형제들을 종종 당황케 만들만큼 충동적인 성향도 겸비했다. 그의 생애는 우뚝 솟은 바위산과 황량한 들판이 어우러진 풍경과도 같았다. 그래서 푸른 초원이 있는가 하면 굽이굽이 흐르는 시내가 있고, 거센 물살이 있는가 하면 고요한 호수가 있다. 그 각각의 요소들이 저마다 아름다운 모습으로 어우러져 한 폭의 그림을 완성시킨다. 일종의 편견이나 완고한 당파심(黨派心)으로 스스로 눈을 가린 사람들을 제외하면, 한 인간으로서 그리고 한 사람의 그리스도인으로서 또한 한 사람의 학자로서 그는, 그를 아는 모든 이들에게 최고의 존경을 받았고 또 지금도 받고 있다. 그의 비할 데 없이 철저한 일관성과, 일찍이 자신의 영혼을 바쳐 헌신한 신앙에 대한 충성됨과 지칠 줄 모르는 섬김은 그에게서 영적인 지침을 발견한 이들의 존경과 동경을 자아냈다. 그럼에도 한 기독교 지도자의 지적이고 영적인 자질을 향한 이러한 존경심이, 마치 그런 사람은 그 무슨 오류도 없고 잘못을 범할 수 없는 것처럼 (처음엔 무의식적으로 그렇게 되기 쉽다) 그의 권위에 맹종하거나 또는 그의 모든 가르침을 맹신적으로 따라가는 방향으로 흐르지 않도록 항상 주의할 필요가 있다.

다비와 동시대를 살았던 사람들이 다비에게서 받은 영향을 잘 나타내주는 두 개의 인용구를 살펴보자. 우리는 이를 통해서 다비와 개인적인 친분이 있었던 사람들이 다비에게 받은 영향력을 어느 정도 파악할 수 있을 것이다.

"당신이 만일 다비란 사람과 몇 분의 시간이라도 함께 하게 된다면, 당신은 금방 그가 위대한 사람이며, 진정한 하나님의 종이란 사실을 느끼지 않을 수 없을 것입니다[53]."

"다비와 개인적으로 접촉했던 대부분 사람들의 경험을 볼 때, 그

---

[53] 포섹J A von Poseck의 글에서 인용. *Christus oder Park Street? Gottes Word odrer Menschenwort*(1882).

들에게 미친 영향력은 엄청났다는 것입니다. 원리들을 파악하고 또 가장 좋은 결과를 도출해내는 그의 탁월한 능력, 단순하면서도 마음에서 우러나오는 그의 경건한 마음, 하나님의 말씀을 이해하는데 있어서 원숙한 학자로서의 소양과 하나님의 말씀을 강해하는데 있어서 필적할 사람이 없을 정도의 그의 능력 등이 그 속에 용솟음쳤을 뿐만 아니라, 그가 활약했던 기독교 세계 밖에선 선인(善人)으로서 관대한 마음과 상류층 인사로서 탁월성이 빛나는 인물이었습니다. 의심의 여지없이 그는 하나님의 교회가 자랑할 만한 지도자였습니다54)."

다비가 다양한 성향과 다양한 계층의 사람들에게 평생에 걸쳐 그토록 큰 감명을 일으킬 수 있었다는 것과, 그가 죽은 지 거반 세기가 지났음에도 그의 영향력이 여전히 전 세계 형제단에 속한 사람들의 삶에 강력한 요소로 남아 있다는 것은 그 자체만으로도 그의 탁월한 인품을 유력하게 입증해준다.

그가 참여했던 다양한 논쟁과 그의 일생에 걸친 거룩한 운동에 대해선 갠든 박사Dr. Ganden의 말을 기억하는 게 좋을 듯하다.
"진리와 화평 중 어느 한 가지 없이 살아야만 한다면, 없앨 것은 진리가 아니라 화평이어야 합니다. 사람들 간의 화평 없이 진리를 소유하는 것이, 진리 없이 화평을 소유하는 것보다 낫습니다."

---

54) 월터 스캇Walter Scott의 책, 존 넬슨 다비 회상J N Darby, A Memorial, 2nd ed. London)에서 인용.

존 넬슨 다비가 논쟁에 몰입할 때 드러낸 기질은 매우 교훈을 준다. 그는 겸손하고 경건한 태도를 유지했는데, 그 두 가지는 일반적으로 논쟁가들에게선 보기 힘든 자질이다. 다비는 어떤 사람에게 쓴 편지에서 이런 점에서 대해서 이렇게 쓴 적이 있다. "만일 내가 어떤 이에게 도움이 되고 또 주님께서 그것을 주님에게 행한 섬김으로 인정하신다면 나는 그것으로 만족합니다."

교회 문제에서 승리를 거두는 것이 아니라 성도들을 돕고 주님을 섬기는 것, 바로 그것이 다비가 논쟁에 관여할 때 그의 마음 속에 품은 숭고한 목적이었다.

시간이 경과함에 따라서 자연스럽게 논쟁의 격렬함은 완화되고, 특히 적극적으로 논쟁에 참여했던 사람들에 대한 우리의 반응은 진정되고 수그러들게 마련이다. 그러나 그런 경향이 지나치게 되면, 우리도 같은 논쟁에 청함을 받았다는 사실을, 그리고 우리도 선한 싸움을 싸우고 여정을 마칠 때까지 믿음을 온전히 지키고 또 오염되지 않도록 보존해야 한다는 사실을 잊어버리기 십상이다.

이생에서 자신의 소명을 발견하고 힘쓸 일이 있을진대, 만일 이 시대나 혹 다른 시대에 자신의 손으로 해야 할 일을 발견하고서 자신의 힘이 닿는 한 최선을 다해서 그 일을 행한 사람이 있다고 할 것 같으면, 그는 존 넬슨 다비였다고 우리는 감히 말할 수 있다. 지금 그는 자신의 수고를 마치고 안식하고 있지만, 그의 사역은 여전히 계속되고 있다.

1882년 2월 오랜 투병으로 몹시 쇠약한 중에 그는 한 친구에게 이렇게 편지했다.

"주님의 자비로 잘 견디고 있습니다. 내 나이가 되면, 질병이 늘 따라다니기 때문에, 건강을 기대하는 건 불가능합니다. 하지만 주님의 자비로 한나절은 일할 수 있습니다."

두 달 후, 그러니까, 1882년 4월 29일 다비는 본머스Bournemouth 선드릿지 하우스Sundridge House에서 그리스도 안에서 잠들었다. 허다한 사람들이 무덤까지 그의 시신을 좇았으며, 이 땅에서 그에게 마지막 작별을 고하고자 하는 런던에 있는 친구들이 특별 열차를 전세 내어 장례식을 찾아왔다.

그는 자기 시대에 하나님의 뜻을 받들어 섬겼으며, 지금은 샛별이 떠올라 그림자가 달아날 때까지 안식 가운데 누워있다. 영화롭게 되신 그 슬픔의 사람이 자기 영혼이 수고하여 거둔 열매, 즉 하늘 본향에서 자신의 구주와 함께 있는 헤아릴 수 없이 많은 구속받은 자들에게 둘러싸여 주께서 강림하시는 날, 그 복된 휴거의 날은 얼마나 놀라운 날이 될 것인가! 다비 자신이 "그 날의 소망The Hope of Day"에서 노래한 날과 같이 될 것이다.

"그 날이 반드시 오리라!
당신의 구속받은 자들이 당신과 함께
충만한 축복 가운데 있지 않으면
당신의 사랑은 안식할 수 없을 터이니."

# 제 9장
# 마지막 날들

**1882년 3월 11일.** "그는 일주일전 쯤에 캡틴 레슬리Captian Leslie와 어린 휴어Hewer을 대동해서, 스위스 간병인55)의 부축을 받고 본머스로 갔습니다. 2, 3일 동안은 괜찮아 보여 캡틴 레슬리는 돌아갔습니다. 하지만 그 후 갑자기 병세가 나빠져서 목요일에 랭톤 휴어Lanton(휴어의 형)와 스토니Stoney가 병문안을 갔습니다.

스토니는 두 시간 정도 머물렀는데 거기 머문 동안 다비가 위층으로 옮겨져야 했고, 스토니가 그 일을 도와주었습니다. 위층에 올라가자 다비가 그에게 입을 맞추고, 하나님의 교회와 교회의 간증을 위해 기도했습니다. 스토니는 크게 감동되었습니다. 그는 눈물을 흘리며 아래층에 내려갔다가, 사랑하는 다비를 다시 한 번 보기 위해 또 올라가야 했습니다56).

H.G."

---

55) 그의 이름은 루이스 쉐발라즈(M. Louis Chevellaz)였다.

56) JND의 마지막 생애를 보고 느낀 스토니의 소감을 보려면, 부록 4를 보라. 부록 4는 스토니가 쓴 서신에서 다비의 질병과 죽음을 언급하고 있다.

### 비망록에서 발췌

"남편은 마지막 날 밤 10시가 넘어서 상기된 얼굴로 돌아왔습니다. 남편은 귀한 분과 값진 시간을 보냈고, 그분도 남편과의 만남을 몹시 만족해했습니다. 그분은 남편을 따로 곁에 불러놓고 여러 가지 얘기를 한 다음, 교회를 위해 잠시 기도하자고 권했습니다. 남편은 그 기도에 큰 감명을 받았습니다. 이어서 그리스도의 종들을 위한 기도와 남편 개인을 위한 기도가 이어졌습니다. 그리고 끝으로 교제권 밖에 있는 이들이 교회의 하나됨 속으로 들어오도록 위해서 기도했습니다. 그리고 그분을 주님께 맡기는 기도를 했고, 입을 맞춘 후 헤어졌습니다. 헤어진 후 그는 열차시간이 좀 남았으니 다시 오라는 전갈을 보냈습니다. 그 당시 남편은 그와 얘기할 시간이 많이 남은 줄 알았습니다. 그러나 그 시간은 예상 밖에도 너무 짧았습니다. 우리 마음은 말로 표현할 수 없을 정도로 아픔을 느낍니다."

**3월 9일.** 그는 남은 안식을 충분히 누렸습니다. "형제도 알다시피 이건 하나님의 안식이야." 그는 하나님의 선하심을 종종 얘기했습니다. 마치 영적인 사역이 크게 진전되는 걸 보고 즐거워하는 듯했습니다. 그런 다음 교회를 위해 기도하자고 했습니다. 그는 종들을 위해 매우 감명 깊게 기도했습니다. 그들이 계속해서 그리스도의 영광을 위해 일하게 해달라고 구했습니다. 그리고 교제권 밖에 있는 이들을 위해 기도했습니다. 그들도 교회의 하나됨 속으로 들어올 수 있게 해달라고 구했습니다.

## 해몬드H A Hammond가 본머스에 사는 M.B.에게 쓴 서신

**3월 9일.** 사랑하는 다비 형제님이 건강이 급속도로 악화되어 간다는 소식을 전하게 되어 유감입니다. 그는 몸이 좋으면 정원에 나가 앉아있는데, 어제는 죽음이 가까웠다고 생각하고는 세세한 일들을 하나하나 정리했습니다. 월스톤 박사Dr. Christopher Wolston57)가 죽음을 앞에 두고 무슨 생각이 떠오르느냐고 묻자, 그는 이렇게 대답했습니다.

"다음 세 가지를 많이 생각하고 있습니다.
1. 하나님은 나의 아버지시며, 나는 그분이 그분의 아들에게 주신 선물이다.
2. 그리스도는 나의 의義가 되신다.
3. 그리스도는 내 평생의 목적이며, 영원토록 내 기쁨이시다."

한번은 또 이렇게 말했습니다.
"미약하나마 나는 그리스도를 위해 살았다고 고백할 수 있습니다. 내게 사는 것이 그리스도였습니다. 나와 아버지 사이엔 구름한 점 없습니다."

---

57) W T P 월스톤은 잉글랜드 콘월 출신이자 복음전도자로서 많은 사랑을 받았다.

## 버튼 박사(Dr. A.H. Burton58))가 보내온 글

"다비 형제님, 정말 우리 곁을 떠나시는 건가요?"
"예. 물론입니다."
그가 그 만의 독특한 표정을 지으며 대답했습니다.
"나의 나그네 여정은 다 끝났습니다. 이제 남은 건 그분 얼굴을 뵙는 것이죠. 난 의심치 않아요."
그가 한 말을 정확히 들을 수는 없었지만, 그는 형언할 수 없는 기쁨 중에 읊조리고 있었습니다. 그리고 나서 그는 형제들이 여름철 소나기가 내린 후의 정원처럼 환히 빛나기를 바란다고 말했습니다. 그의 심령은 사랑하는 형제들 곁에 있었고, 그들이 주님께 더욱 사로잡히기를 소망했습니다. 비록 주님께서 그들을 많이 낮추셨지만, 비온 뒤의 맑은 하늘처럼 그들이 더욱 선명한 빛을 발하기를 소원했습니다.
3월 11일 주일, 그는 우리를 불렀습니다. 우리가 그의 방에 들어

---

58) 버튼 박사Burton는 1859년 매킨토시C H Mackintosh의 전도로 회심했다. (피트F W Pitt가 쓴 세상의 창문Window of the World이란 책을 10-15페이지를 보라. 버튼은 "그처럼 탁월한 복음전도자" 매킨토시가 이사야 6장에서 "보좌와 제단"이란 주제로 강력하게 복음을 전했던 그 밤을 추억했다. "모든 눈이 그에게 고정되었고, 그는 영광과 위엄과 공의로 둘러싸인 하나님의 보좌가 요구하는 모든 것을, 제단 위에 놓인 제물이 만족시키고 또 그 정당성을 선포하고 있음을 보게 해주었다. 이사야 6장을 가지고 매킨토시가 복음을 전했던 그 밤은 결코 잊혀지지 않을 것이다. 많은 사람들이 집으로 가는 대신, 그가 서있던 강단 주변으로 모여들었고, 그의 입에서 흘러나오는 말을 한 마디라도 더 듣고 싶어 했다. 매킨토시는 강단에서 걸어 나오며 이렇게 말했다. '이 방에는 구원으로 가득차 있네요.' 그 날 밤, 그 홀에 있던 모든 사람이 구원을 받았다. 돌이켜보면, 알프레드 버튼Alfred Burton은 그 때가 자기 생애에 중요한 시기를 통과하고 있었다. 적절한 때에 다비와 친분을 맺게 된 것이다. 그는 다비를 가리켜, '가장 공손하고 또 겸손한 사람이며, 은혜롭고 또 동정심이 많은 사람이며, 세상의 부와 명성을 배설물로 여긴 사람'이라고 불렀다.

가자 그는 침상에서 몸을 일으키고는 조그만 테이블을 무릎 위에 놓고 성경과 촛대를 올려놓았습니다. 그는 "그냥 자기 전에 함께 성경을 좀 읽고 싶었습니다. 그게 전부입니다"라고 말했습니다. 우리는 놀랐습니다. 그 사랑하는 노형제님은 그렇게 조그만 "강단"을 준비하고는 있는 힘을 다해 일곱 교회에 대해 짧게 강론을 했습니다.

지난밤 그가 한 몇 마디는 매우 감미로웠습니다. 그의 소원과 마음의 짐은 성도들에게서 더 밝고 더 선명한 증거가 나타나는 것이며, 아버지께서 사랑으로 그리스도께 주신 그 사람들이 그분의 존전에서 그분의 뜻을 행할 능력을 받아 세상을 향해 나아가는 것입니다. 그는 주님에 관해 얘기하기를 좋아합니다. 그의 소원은 형제들을 주님께로 가까이 이끄는 것입니다. 그는 그의 손의 능숙함으로 그들을 지도하는 일을 했습니다.

그는 다시 우리를 불렀습니다. 이번에는 에베소서 3장을 강론했습니다. 그에게서 말씀을 듣는다는 건 참 놀라운 일이었습니다. 그는 항상 신선하고 밝았습니다. 마치 연로한 장군이 함께 전선을 지켰던 얼마 남지 않은 흩어진 병사들을 모아놓고 마지막 고별의 말을 하는 듯 했으며, 연로한 바울이 떠나기에 앞서 그동안 함께 했던 사람들을 모아 놓고 격려의 말을 하는 듯 했습니다.

한번은 내가, 그가 주님께로 가면 이 땅에 남은 자들의 장래가 어두울 거라는 어리석은 말을 했더니, 그가 대답했습니다. "그렇지 않습니다. 주님은 여전히 동일하십니다."

**3월 10일.** 그는 매우 유쾌해했고, 그리고 형제들이 해야 할 일을 얘기했습니다. 그리스도께서 그의 심령에 끝까지 함께하시는 모습이 참 아름다웠습니다.

**3월 14일.** 주일 이후로 놀랍도록 몸이 좋아졌습니다. 복수도 눈에 띄게 줄어들었고, 모든 면에서 좋아 보였습니다. 이제 다른 세상을 얼핏 보았으므로 좀 더 이 세상에 남겨두실려나 보다고 그가 말했습니다. 지난 밤 그는 성경을 강론했습니다. 형제도 알다시피 그는 런던을 떠나기 전에 그가 런던에 있는 것이 성도들에게 조금이라도 위로가 된다면 주님께서 더 머물게 하실 거라고 말한 바 있습니다. 그가 몸이 좋아진 건 갑작스런 변화였습니다. 토요일만해도 월스톤 박사가 병세가 위독하다고 전보를 쳤습니다. 아마 4, 5일쯤 견디거나 아니면 그전에 어느 순간에도 숨을 거둘지 모른다고 했었습니다.

**3월 15일.** 몸은 좀 약해졌지만 아주 밝은 표정으로 얘기했습니다. 그는 E 형제에게 이렇게 말했습니다. "황홀한 기쁨은 없지만 지극한 영광을 느끼고 있습니다." 그는 종종 이런 말도 했습니다. "내가 잠시 후 뵐 분은 지금까지 평생 알아온 그 주님입니다. 다른 분에게로 가는 게 아닙니다." 그는 형제들에게 사도 요한의 글을 많이 읽으라고 권했습니다.

**3월 22일.** 그는 좀 나아졌다고 스스로 느끼고는, 글쓰는 일을 게을리 했다고 자책했습니다. 오늘은 찬송시를 지었습니다.

**3월 25일.** 그는 병상에 둘러앉은 이들에게 시편 23편을 절별로 읽고 강해를 했습니다. 그는 몹시 즐겁고 평안이 넘쳤습니다. 티 없이 맑은 평안이 그의 영혼에 가득했습니다. 그는 전혀 죽음을 생각지 않는다고 말했습니다. 여기서 주님과 함께 했듯이 거기서도 주님과 함께 할거라고 했습니다. 그게 차이였습니다. 그는 한 형제에게 "그리스도와 형제들에게 충성을 다하세요"라고 말했습니다. 어느 날 밤은 고통 중에 신음하면서 "주님은 원하는 자를 살리신다"고 외쳤습니다.

**3월 16일.** P 형제는 이렇게 적었다.

"오늘 사랑하는 다비 형제님은 여전히 고통 중에 힘들어하면서도 이따금씩 힘을 내었습니다. 그는 영국 서부에 거주하는 어떤 이에게 보내는 극히 아름다운 편지를 휴어 형제에게 받아 적게 했습니다. 내 생각엔 그렇게 무리해서 편지를 써서는 안되었지만, 그는 그렇게 했을 뿐 아니라 아주 잘해냈습니다."

**3월 16일.** A 형제는 이렇게 적었다.

"사랑하는 다비 형제님이 지난 월요일 형제들을 만나고 싶다고 했습니다. 그래서 스토니 형제와 형제가 런던에 있는 친구들에게 돌아가기 며칠 전에 시간을 내어 그를 찾아갔습니다. H 형제는 그가 많이 악화되었다고 소식을 전했습니다. 스토니 형제는 두 시간 후에 돌아갔습니다. 다음 날 A 형제, 폴록 형제A. Pollock, 그리고 다비 형제님의 유언집행자인 클로즈 형제Farnham Close 등이 불려갔습니다. 그는 이따금씩 그들에게 격려의 말을 하다가 장례식에 대해 입을 열었습니다. 그는 장례식을 간소하게 치렀으면 한다고 했습니다. 지난 토요일 밤, 그는 갑자기 형제들을 자신의 방으로 불렀습니다. 들어가 보니 침대에 앉아있었습니다. 그는 에베소서 3장에서 "믿음으로 말미암아 그리스도께서 너희 마음에 계시게 하옵시고"라는 부분에 대해 말하고 싶다고 했습니다. 그는 목소리가 낭랑했고 그 순간만큼은 아주 강건해보였습니다. 그는 묵상해볼만한 몇 가지 아름다운 주제들에 대해 얘기했습니다. 그는 형제들이 "비온 뒤의 맑은 햇살처럼" 영혼의 시련을 겪은 뒤에 밝고 깨끗한 모습으로 나타나리라 믿는다고 계속 다짐했습니다. 그리고 그리스도와 함께 거하기 위해 올라가는 것의 형언할 수 없는 기쁨에 대해 얘기했습니다.

**3월 17일.** 전혀 죽음을 눈앞에 둔 분위기가 아닙니다. 그는 평온하고 행복한 모습으로 아주 자연스럽게 죽음을 얘기하며 필요한 모든 준비를 스스로 다했습니다. 그리고 시간이 나면 찬송시를 지었습니다.

그가 본머스에 간 후로 그를 보지 못했던 캡틴 톰슨 형제 Captain Thompson와 G 형제가 그에게 작별 인사를 하러왔으나, 너무 상태가 좋지 않아서 만나보지 못할 듯 했습니다. 그들은 겨우 2분 정도 머무르면서 말도 제대로 알아듣지 못했으나, 그의 얼굴빛은 사랑으로 가득했습니다. 그는 몹시 밝고 행복한 표정이었습니다. 그 날이 지난 금요일이었습니다.

**3월 19일.** 그는 성도들이 계속해서 병문안 오도록 폐를 끼쳐 죄송하다고 했습니다. 그는 전혀 죽을 것 같지 않다고 했습니다.

**3월 21일.** 여러 지역에서 형제들이 작별을 고하러 찾아왔고, 그는 그 모두를 알아볼 수 있었습니다. 몸이 무척 좋아진 듯 보입니다. 그는 열린 창문에 걸터앉기를 좋아합니다. 오늘은 무척 편안해 보입니다.

E. J. A. 형제는 이렇게 썼다.

"다비 형제님은 여전히 나아지는 듯합니다. 지금은 잠이 오는 대로 편안히 잠을 취합니다. 종전에는 잠에 들기 위해 싸워야했습니다. 지난 밤엔 4시까지 편안히 자다가 4시가 넘어 아침까지 뒤척였다고 합니다."

**3월 22일.** 파크 스트리트[59]에 있는 다비 형제님으로부터 메시지(19일자로)가 왔습니다. "주님의 사랑 안에 거하고 그분을 가까이 해야 잘못된 모든 것을 발견할 수 있습니다. 그래야 그분이 우리 마음에 어떤 분이신지 알 수 있습니다." 그의 마음은 늘 형제들 곁에 있습니다. 그는 그 어느 때보다도 더 그들에게 그리스도를 심어주려고 애썼습니다. 계속해서 자신을 낮추면 하나님께서 넘치도록 그들을 축복하실거라고 그는 말합니다.

**3월 26일.** A. P. 형제는 이렇게 적었다.

"J. N. D. 형제님은 여전히 쇠약합니다. 이제 그리스도와 함께 있기 위해 곧 떠날 줄로 생각하고 있습니다. 그는 시편 23편을 읽었습니다. 표정은 맑고 밝지만 몹시 쇠약합니다. 밤이면 더 힘들어합니다."

---

[59] 그곳은 형제단 교회의 모임 장소였다. 런던 이슬링턴, 파크 스트리트 사우스 57번지57 Park Street South, Islington, N.

**3월 28일.** 그는 변함이 없습니다. 스스로 나아졌다고 생각하고 집필에 열심을 내고 있습니다. 하지만 주변 사람들은 더 쇠약해졌다고 생각합니다. 그는 주님께서 곧 자기를 데려 가실거지만, 그 시간은 알 수 없다고 말합니다.

주일에는 몹시 쇠약했습니다. 모두들 곧 숨을 거둘거라고 생각했습니다. 그런데 다음 날 아침 8시가 되기 전에, 그는 자리에서 일어나 옷을 입었습니다. 의식도 또렷했습니다. 그는 글을 몇 줄 쓴 다음 그의 편지나 그밖의 일들에 대해 부탁을 했습니다. 그는 이따금씩 숨을 쉬기가 답답하다며 창을 열어놓았습니다. 그는 사도 요한의 글을 많이 대해야 할 시간이라고 생각하고 있습니다.

**3월 30일.** E 자매는 이렇게 적었다.

"E 형제님이 어제 오전에 다비 형제님을 만났는데, 그의 얼굴이 어린아이 같았다고 했습니다. 전날 밤 잠을 푹 주무신 듯 했습니다. 사람들은 수종(水腫)이 마비를 막고 있다고 생각했습니다. 형제님은 파크스톤Parkstone의 안부를 묻고 사랑을 전했습니다. 형제들이 위해서 기도하고 있다고 전하며, 한 형제가 대적의 공격을 견뎌낼 수 있겠느냐고 묻자 다비 형제님이 대답했습니다. '대적이 내게 접근조차하지 못했다고 형제들에게 전하세요.'"

E 형제는 이렇게 덧붙였다.

"그는 그리스도 안에 거하고 있습니다. 이 땅에서 그의 생각은 그리스도의 관심사들로 가득합니다. 이제 곧 그는 그리스도의 아름다움과 영광으로 올라갈 것입니다. 그는 해외에 있는 형제들과 간증을 잃어버린 형제들에게 편지를 썼습니다. 그는 자리에서 일어나 8시에 아침을 먹었습니다. E 형제님은 그를 만난 일이 큰 격려가 된 듯 했습니다."

금요일. - 그는 이따금씩 좋아 보이지만 사실은 그렇지 못하고 하루하루 나빠졌습니다. 한 형제님이 주중에 그를 만나러 가서 발코니에서 그를 만나 악수를 하고 돌아섰습니다. 그런데 다비 형제님이 그를 다시 부르더니 그와 얘기를 나눴습니다. 그는 어떤 서랍에 어떤 편지가 있으니 그걸 꼭 읽어보라고 했습니다. 그는 의식과 기억이 또렷했습니다. P 형제가 '나의 평생에 주의 선하심과 인자하심이 정녕 나를 따르리니 내가 여호와의 집에 영원히 거하리로다'라는 시편 23편 마지막 구절을 그에게 들려주었더니, 그는 시편 23편 전체를 한 구절씩 인용하면서 절별로 해설을 했습니다. 그는 보통 오후 3시에 잠자리에 들어 저녁때까지 서너 시간 잠을 잡니다. 밤에는 호흡곤란으로 종종 고통을 겪습니다."

**4월 2일.** 로우 형제(Lowe[60])가 본머스에 있는 H. A. 해몬드의 집에서 마지막 투병 중인 다비를 시중들면서 겪은 그에 관한 일을 일기에 적고 있습니다. 그 일기는 매우 흥미로울 뿐만 아니라 그 일기를 보면 로우 형제를 알게 된 이들은 한결같이 그가 다비의 조언을 얼마나 충성스럽게 따랐는지 알게 됩니다. "오후에 다비는 내 손을 잡아끌어 자기에게 입을 맞추게 하고는 그동안 자기를 도와주어 너무 고맙다고 하면서 '우리는 함께 수고하고 함께 기뻐했지요. 하나

---

[60] 로우Lowe는 다비의 프랑스어 성경 번역 팀으로 일했고, 오랜 동안 프랑스와 기타 유럽 등지에서 주의 일에 함께 사역했던 동역자였다.

님께서 형제를 축복하실거에요.' 라고 말했습니다. 그리고 잠시 후 이렇게 말을 이었습니다. '젊은 형제들과 함께 일하세요. 그들의 마음을 그리스도께 사로잡히게 하세요.' 그리고 또 잠시 후 '그리스도와 동행하고 형제들과 동행하세요.' 라고 말했습니다. 내가 대답했습니다. '형제들과 동행하는 유일한 방법은 그리스도와 동행하는 것 아닌가요.' '그래요' 그가 말했습니다. '그리고 그 반대도 맞아요 내가 할 수 있는 건 다만 형제를 주와 및 그 은혜의 말씀께 부탁하는 것뿐입니다.'"

**4월 3일.** E 자매는 이렇게 적었다.

"오늘은 상태가 몹시 좋지 않습니다. 지난 밤은 더 좋지 않았습니다. 호흡도 좋지 않았고, 복수도 차올랐습니다. 어제는 처음으로 온 종일 자리에서 일어나지 못했습니다. 우리는 며칠 전에 그를 만나봤는데 그때는 참 평안해보였습니다. 남편은 H. T. 형제님에게 편지하면서 이렇게 적었습니다.

그에 관해 우리가 듣는 모든 소식은 참 놀랍고 또 그의 헌신과 봉사로 일관된 생애에 대한 간증뿐입니다. 그는 주님을 이야기할 때는 늘 이렇게 말합니다. '아무 것도 달라진게 없어요. 지금도 그분은 여전히 내가 항상 알아왔던 바로 그분이에요. 아무것도 변하지 않았습니다.' 그는 그렇게 소망 중에 기쁨을 잃지 않고 있고, 형제들은 어느 때보다도 더욱 주님과 동행하기를 힘쓰고 있습니다. 형제들의 그런 모습에 고무되어 그의 마음은 떠날 날을 앞두고 기쁨이 충만합니다. 그는 프랑스와 독일의 형제단에 속한 사람들에게 서신을 보냈습니다. 그를 알게 되었다는 건 큰 특권입니다. 우리 마음은 그와 결속되어 있습니다. 어떤 이가 내게 편지했듯이 그가 주님의 기쁨에 참여하는 걸 본다는 것은 즐거운 일입니다. 그는 실로 착하고 충성된 종이었습니다. 죽음을 앞두고서도 이렇게 우울한 그림자도, 어두운 구름도 한 점 없다는 건 참으로 놀라운 일입니다. 모두들 그의 훌륭한 경주가 이제 끝나가고 있음을 느낍니다. 그는 이제 자리만 바꾸는 것일 뿐, 앞서간 이들과 합류하는 것이며, 곧이어 남은 자들이 그 뒤를 좇을 것입니다. 아, 그 날이 오면 얼마나 기쁠까요!"

**4월 5일.** 로우 형제는 이렇게 적었다.

"그는 확실히 죽음을 향해 한 걸음 더 나아갔습니다. 어제 목요일, 그는 이렇게 말했습니다. '주님께서 죽음을 정복하셨어요.'

그리고 어제와 오늘 그는 매우 평온했습니다. 월요일의 위기는 지나간 듯합니다. 나는 그의 마지막 순간이 길어지는데 놀라지 않습니다. 모든게 주님의 손에 달려 있습니다. 우리는 그분의 영광과, 그분의 성도들의 축복과 확실한 장래만을 생각해야합니다."

**4월 5일.** B 형제는, 그가 특히 밤중엔 이따금씩 의식이 흐려지지만, 모든 면에서 놀라우리만치 의식이 생생하고 또렷하다고 전했습니다. 그는 형제에게 이렇게 다정하게 속삭였습니다.

"그리스도와 함께 하고 싶다면, 형제들과 함께 하세요. 그 반대도 마찬가지입니다."

**4월 8일.** 그는 W. J. 로우 형제가 주는 음식을 받아먹었습니다. 로우 형제에 대한 그의 사랑은 특별합니다.

**4월 11일.** 가끔 그는 이렇게 독백을 합니다.

"하늘나라에 가면 아마 이상하고 낯설겠지. 하지만 주님은 낯설지 않을 걸. 그분은 내가 오랫동안 알아온 그분일테니. 난 그분을 아는게 너무도 없는듯해. 그렇지만 그분이 나를 아신다는게 얼마나 기쁜지 몰라. 주님은 '나는 내 양을 알며' 라고 말씀하셨지."

그는 또 이렇게 말했습니다. "나는 '우리가 사랑함은 그가 먼저 우리를 사랑하셨음이라' 는 말씀에서 나를 사랑하시는 분을 그리스도로 생각해왔지만, 사실은 하나님을 가리킨다는 것을 전에는 생각지도 알지도 못했다는 생각이 들어. 문맥상 분명한데도 말이야."

**4월 23일.** 사랑하는 다비 형제님은 점점 쇠약해지고 있습니다. 다리도 많이 부었고 호흡도 종종 곤란합니다. … 가능한 최선으로 그를 돌보고 있습니다. … 스위스에서 온 간병인 C 형제[61]가 밤새 함께 잠을 잡니다. 집은 잘 정돈되었고 사방이 너무 고요하고 평온해서 그런 환자가 있는 곳이라곤 상상되지 않습니다. 포크스톤Folkestone에서 온 K 형제가 일전에 병문안을 왔는데, 다비는 그의 곁에 오는 사람들에게 '아는 형제에요' 라는 말 밖에 할 수 없었습니다. 사실 어떤 때는 그가 말하는 것을 도저히 알아들을 수 없습니다.

H 자매님Hammond이 가끔 병문안을 오는데, 한번은 다비가 그녀에게 이렇게 말했습니다. "나는 마음 속에 있는 바를 잘 표현하는

---

61) 그의 이름은 루이스 쉐발라즈(M. Louis Chevellaz)였다.

사람은 아니지만, 자매님도 알다시피 내게는 깊은 평안이 있습니다." 한번은 다비가 그녀에게 잠시 후면 주님과 함께 있고자 세상을 떠나간다고 한다면 무슨 생각이 들겠느냐고 물었더니, 그 자매님은 "애들이 걱정될 거예요"라고 대답했습니다. 이에 다비는 아이들을 주님의 돌보심에 맡길 수 있었던 한 사람에 대한 얘기를 들려주고는, 곧바로 부드럽고 자상하게 그녀의 그런 마음에 깊은 공감을 표했습니다. 최근에 C 형제가 밤 중에 그의 방에 있을 때 다비는 그에게 "하나님의 공의란 어떤 거지요?"라고 물었습니다. C 형제는 "내 생각엔, 형제님을 이 병상에 눕게 한 것이 하나님의 공의라고 생각해요."라고 대답하자, 다비는 "아니에요. 아니에요. 아니에요. 그건 하나님의 사랑이에요."라고 말해주었습니다.

어느 날 저녁 다비는 C 형제에게 말을 좀 날카롭게 했습니다. 다음 날 아침 다비는 요즘 책을 읽고 있느냐고 물었습니다. 그가 「그리스도 안에 거하라Abiding in Christ」란 책을 읽고 있다고 대답하자, 다비가 말했습니다.

"지난밤 형제와 대화를 나눌 땐 내가 그리스도 안에 거하고 있지 않았어요. 혹 내게서 그리스도께 합당치 않은 것을 보거든 책망해 주세요. 꼭 그렇게 해줘요."

### 1882년 4월 29일 본머스 선브릿지에서 버튼 박사Dr. A. H. Burton62)가 보내온 편지

"많은 사람들의 마음에 충격이 될 소식을 전하게 되어 유감입니다. 이 편지가 도착하기 전에, 아마 여러분은 사랑하는 다비 형제가 오늘 오전 11시 5분에 안식에 들어갔다는 소식을 듣게 될 것입니다. 그는 지난 36시간 동안 기운이 다 떨어져 한마디도 못하고, 전혀 먹지도 못하고, 아무도 알아보지 못하고, 그리고 거의 반무의식 상태에 빠졌습니다. 어제 나를 아느냐고 물어봤더니 눈을 뜨고 웃음을 지었습니다. 우리는 그가 지금 몸을 떠나 주님과 함께 있는 걸 생각하며 기뻐하지 않을 수 없습니다. 진정 기뻐할 일입니다! 그러나 우리에겐 너무도 큰 손실입니다! 참으로 헌신적인 삶이요, 그리스도께 전폭적으로 바쳐진 삶이었습니다. 그가 사랑하는 구주요, 그토록 진실되고 단순하고 겸손하게 섬겨온 주님의 존전에 들어가는 것을 지켜보면서 내 마음에 스쳐 지나간 느낌과 생각과 기억과 기대는 다 표현할 길이 없습니다. 10시반 경에 로우$^{Lowe}$ 형제와 휴어$^{Hewer}$ 형제, 그리고 내가 그 방에 있었고, 나중에 해몬드, 스튜어트, 그리고 기음 형제가 들어왔습니다. 그때 그의 숨결이 급속도로 가빠졌습니다. 전에도 그런 적이 있었습니다. 목에서 가래가 엉켰지만 그걸 토해낼 힘이 없었습니다. 난 불현듯 그의 호흡에서 이상을 감지하고 곁에 다가갔습니다. 곧 이어 심장의 박동이 약해지더니 호흡이 멈추었습니다.

우리는 집안에 있는 사람들을 다 불렀습니다. 그런데 그가 다시 숨을 쉬기 시작했습니다. 하지만 호흡이 점점 약해지더니 마침내 완전히 멈추었습니다. 그리고 우리 모두는 이 땅에 남겨둔 그의 육신의 장막을 조용히 바라보았습니다.

---

62) 버튼 박사$^{AHB}$는 다비가 세상을 떠날 때, 다비의 손을 잡아주었다. 그 후 그는 사망 진단서에 서명했다.

스튜어트Stuart 형제가 기도를 했습니다. 그는 다비의 생애에 대해서 또 그를 통해 우리 모두가 얻은 축복에 대해서, 그리고 그것은 영원히 남을 것에 대해서 주님께 감사를 올렸습니다. 해몬드Hammond 형제도 기도를 드렸습니다. 그 다음에 로우Lowe 형제가 몇 마디 기도하다가 감정을 억제하지 못하고 울음을 터뜨렸습니다. 나는 그 순간을 결코 잊지 못할 것입니다. 영면(永眠)에 들어간 그의 평온하고 위엄있는 얼굴을 바라볼 때 너무도 아름다웠습니다. 오, 그가 그분과 같은 모습으로, 그 아들의 형상에 이른 모습으로 잠에서 깨어날 때는 얼마나 더 놀라울까요? 그리스도께서 강림하실 때 우리도 다 동일한 형상에 이를 것입니다. 그럼에도 각자에게 합당한 특별한 영광과 기쁨이 있을 것입니다(살전 5:20).

"그 비밀한 이름으로 우리를 부를 때
넘치는 기쁨으로 대답하리라.
욕되고 부끄러운 무덤을 벗어나
넘치는 기쁨으로 올라가리라."

## 제 10장
## 1882년 5월 2일

이 날은 매우 슬픈 날이었다. 왜냐하면 그날 우리는 그를 지상의 마지막 안식처에 안치했기 때문이다. 사실 다비 자신을 그저 땅 속에 묻은 것은 아니었다. 이는 그가 "몸을 떠나 주와 함께 있을 것이기" 때문이다. 그는 지난 목요일에 "곧 멀리 날아갈 새 같은 기분이에요"라고 말했다. 그리고 이틀 뒤인 토요일, 4월 29일 오전 11시 5분에 그는 "그리스도와 함께 있는 것이 훨씬 더 좋은 일이기에" 그 곳으로 떠나갔다.

여러 지역에 있는 많은 사람들이 그날에 대해 설명을 듣고 싶어 할 것이기에 최선을 다해 그 때 일을 설명드리고자 한다. 물론 이것은 그 때 일의 겉으로 드러난 부분에 불과할 수도 있다. 왜냐하면, 보다 깊은 물줄기는 수면 아래서 조용히 흘렀기 때문이며, 또한 그에 대한 진실한 기록은 나사로의 무덤 앞에서 눈물을 흘리신 그분이 소장하고 계시기 때문이다.

본머스에 있는 우리의 사랑하는 해몬드 부부의 아늑한 집에서 (거기서 정확히 지상여정의 마지막 8주 동안 사랑하는 다비는 정성 어린 돌봄을 받았다) 많은 사람들이 12시 15분에 기도하러 모였다.

그들은 기도회 장소인 해몬드의 집의 넓은 응접실로 들어가는 길에 가대(架臺)에 안치된 다비의 시신과 다음과 같이 새겨진 관을 보았습니다.

존 넬슨 다비
1800년 11월 18일 태어나
1882년 4월 29일 "주 안에서" 잠들다.

그가 가고 없다는 것, 한 위대한 인물이 잠들었다는 것은 우리에게 엄숙하고도 슬픈 사실이었다. 하나님의 택한 그릇으로서, 하나님의 양 무리를 먹이는 일에 온 몸과 마음을 바쳐 수고했고, 하나님의 말씀의 진리와 그리스도의 영광을 밝히 드러내는 일을 했던 그가 마침내 안식에 들어갔다. 맡겨진 일을 마친 것이다. 그가 마지막으로 에베소서 3장 후반의 "믿음으로 말미암아 그리스도께서 너희 마음에 계시게 하옵시고"에 대해 강론하던 그 방에서 약 150명의 성도들이 큰 슬픔 중에, 그리고 주님의 임재하심을 깊이 느끼며 조용히 하나님께 기도드렸다.

슬픈 정적(靜寂)은 찰스 스탠리Charles Stanley가 다비가 지은 "위에 있는 성도의 안식Rest of the Saints Above"을 부름으로써 깨졌다. 그 찬송을 부르면서 온 무리는 눈물에 젖었다. 그 사랑하는 사람을 잃은 슬픔 때문에, 젊고 건장한 사람들이 어린아이들처럼 훌쩍거렸고, 백발이 성성한 노성도들이 형언할 수 없는 슬픔 중에 고개를 떨구었다. 이어서 연로한 크리스토퍼 맥아담Christopher McAdam 형제가 먼저는 우리 앞에 있는, 그리고 우리에게서 아무도 빼앗을 수 없는 찬란한 영광에 대해서, 그 다음엔 이 광야를 지나면서 시종 경험하는 그리스도의 충분하심과 그 복스런 임재의 확실함에 대해서 하나님께 감사를 드렸다. 그 다음엔 스넬 박사Dr. H. H. Snell가 우리의 사랑하는 형제를 데려가신 것이 우리에게 축복이 되어, 우리로 하여금 더욱 그리스도께 사로잡히고 더욱 헌신하게 해달라고 기도했다. 그 다음엔 로우W. J. Lowe 형제가 교회에 허락하신 그분의 선물과, 그분의 종의 신실한 청지기 삶과, 그리고 그의 헌신적이고 일관된 삶에 대해 하나님께 감사하는 매우 축복되고 감동적인 기도를 했다. 그는 마음이 벅찬 나머지 끝까지 기도를 드리지 못했다. 얼마간 침묵이 흐르다가 많은 사람들이 울음을 터뜨렸다. 모두들 흐르는 눈물을 주체할 수 없었다. 이어서 캡틴 킹스코트Captain Kingscote 형제가 그를 보내주셔서 하나님의 온 교회가 신령한 복을 받을 수 있게 된 것에 대해 풍성한 감사를 올린 다음, 그의 죽음이 그를 아는 모든 성도들의 마음에 살아있는 메시지가 되고, 그의 저서들이 모든 성도에게 계속해서 축복이 되고, 그리고 모든 장례일정이 주님의 영광을 위해 순조롭게 진행되게 해달라고 기도했다. 그런 다음 맥아담 형제가 하나님께 모든 것을 부탁하며 겸허하게 기도했다. 그리고 나서 "평온한 안식의 비밀한 근원되신 주Thou hidden source of calm repose"를 택하여 부름으로써 이 슬프고 엄숙하면서도 아름다운 기도회를 마감했다.

맥아담 형제의 제안으로 다비가 형제들에게 마지막으로 남긴 글을, 히긴스Higgins 형제와 해몬드Hammond 형제가 이어서 낭독했다. 그 글은 다음과 같다.

"사랑하는 형제들에게,

병약한 중에 형제들과 여러 해 사귐을 나눠온 끝에 이제 겨우 몇 줄 쓸 정도의 힘밖에는 남지 않았습니다. 다름 아닌 사랑으로 이렇게 할 수 있게 되어 기쁩니다. 나는 주님의 변함없는 신실하심에서만이 아니라 사랑하는 형제들의 나를 향한 모든 인내에서 사랑을 목격해왔습니다. 하물며, 하나님께로부터는 얼마나 더 큰 사랑을 입어왔는지요. 나는 '그리스도께서 나의 유일한 목표였다' 고 고백할 수 있습니다. 나의 의(義)가 되신 하나님께 감사를 드립니다. 지금은 아무것도 기억나지 않는 까닭에 덧붙일 말이 없습니다. 그분을 붙잡으십시오. 아버지의 사랑의 능력으로 그분을 닮아가도록 그분 안에서 풍성한 은혜를 누리십시오. 그리고 깨어 그리스도를 기다리십시오. 더 이상 당부할 말은 없습니다. 다만 그분 안에서 나의 거짓 없고 감사에 찬 사랑을 전합니다.

J. N. 다비"

(후기)
"한 마디 덧붙입니다만, 바울의 사역을 강조하느라 요한의 사역 63)을 잊지 않도록 하십시오. 요한은 전시(展示)의 현장인 세대들dispensations를 보여주며, 바울은 그 전시된 내용물을 보여줍니다."

---

63) 이 일 후에 윌리암 켈리가 요한 사역의 전반에 걸쳐서, 즉 요한복음, 요한서신서, 그리고 요한계시록을 강의했고, 또 주석서를 쓴 것은 주목할 만한 일이다.

"나는 특히 윌리암 켈리에 대한 일체의 공격을 반대합니다."- [이 문장은 당파적인 마음을 가진 사람들에 의해서 몇몇 사본에서는 누락되었다.]

"사랑하는 형제들에게,
1882년 3월 19일.

하나님의 손길이 우리 위에 임하는 증거와, 그 아들의 영광을 위해 아버지의 목적 안에서 겸손히 신뢰하는 모습을 보니 만족한 마음이 듭니다. 그렇게 하는 한 풍성한 축복이 임할 것이며, 그분이 열어주시는 문을 통해서 우리의 간증이 흘러 나가게 될 것입니다."

한 형제의 배려로 랜스다운룸에 점심이 준비되었다. 오후 2시반경에 런던에서 특별 열차가 2,3백 명의 형제들을 실어왔고, 곧이어 아일랜드와 스코틀랜드와 영국의 먼 지역을 비롯한 여러 곳에서 약 1천명의 성도들이, 종의 시신을 사랑하는 주인의 손에 내어드리는 마지막 엄숙한 의식에 참여하고자 모여들었다.

3시가 조금 넘어 시신이 8명의 형제들에 의해 조촐한 운구차에 옮겨졌고, 얼마 후 집에서 제법거리가 먼 장지로 이동되었다. 별도의 장의용 마차는 없었고 몇 대의 마차가 먼 거리를 걸을 수 없는 사람들을 태우고 그 뒤를 따랐다. 그 집에 모인 대부분 사람들은 다른 길로 묘지까지 걸어갔는데, 이는 우리의 사랑하는 형제가 장례를 조용히 치러달라고 부탁한 대로 세상의 눈을 가급적 끌지 않기 위해서였다. 비록 정해진 순서를 따른 것은 아니었지만, 형제들이 일제히 운구차를 따랐고, 자매들도 많았다. 그들은 무리를 지어 행렬을 이루었다. 놀라운 광경이었다. 모두 아무 소리도 내지 않았다. 발자국 소리만 조용히 들린 채, 마치 군대의 장례식마냥 질서정연하게 움직였다.

하관(下官)시간은 오후 3시 30분이었다. 3시 5분 전에 운구차가 묘지 입구에 도착했고, 이미 수백 명의 조문객이 기다리고 있었다. 운구차 문이 열리자 24명의 형제들이 한꺼번에 몰려와 무덤 옆까지 운구를 했다. 그의 시신을 장지에 옮기는 특권을 누리고 싶어 하는 많은 형제들에게 기회를 주기 위해 운구하는 사람들은 여러 번 교체되었다. 약 1백 명의 형제들이 운구에 참여했다. 시신은 묘지 예배당을 거치지 않고 곧바로 묘로 향했다.

스코틀랜드와 아일랜드에서 온 성도들을 포함한 약 1천명의 성도들이 무덤 주위에 구름같이 모여 들었다. 잠시 묵도하는 시간을 가진 후 맥아담 형제가 "오 복된 아침에 주께서 오시리O Happy Morn, the Lord will come"를 선창 (先唱)함으로 하관식이 시작되었다.

"오 복된 아침이여! 주께서 강림하셔서
고대하던 자기 백성을 본향으로 데리고 가시리라.
걱정 근심 없고,
죄 없는 곳으로 데리고 가시리라.
주께서 강림하셔서 자기 백성을 취하시고
자기와 함께 그 보좌에 앉히고
그 영광을 누리게 하시리라.

부활의 아침이 밝아오면
모든 잠자는 성도가 깨어 일어나
빛 가운데 나타나리라.
이 눈으로 보기엔 너무 밝은 그 아침이여!
그 날엔 모든 구속받은 교회가 일어나
그리스도와 함께 다스리기 위해
하늘 높이 올리우리라.

주여! 이 나그네의 심령이
영광과 존귀와 능력을
영원토록 찬미하나이다.
주께서 권능으로 다스리실 그 때까지
찬송 받으실 구주께서 우리의 방패가 되시리니
이는 주께서 우리 영혼에
우리의 힘과 망대로 자신을 계시하셨음이라."

로버트 채프만 R. C. Chapman

모두들 큰 감동으로 이 찬송을 불렀다. 마지막 절을 막 끝내는데 종달새 한 마리가 푸드득 날면서 즐거이 지저귀었다.

리딩의 스튜어트 C. E. Stuart 형제가 이어서 마태복음 27장 59,60,61절을 봉독하고 이렇게 말했다.

"오늘 이렇게 많은 분들이 이곳에 모인 것을 보니 주인의 장례와 종의 장례가 얼마나 대조되는지 모르겠습니다! 아리마대 요셉이 자신의 새 무덤에 주님의 시신을 둘 곳을 마련했고, 니고데모의 도움을 받아 정중하게 시신을 안치했습니다. 그러나 조문객은 너무도 적었습니다. 단지 비천한 두 여인뿐이었습니다. 이것은 우리 주님의 낮아지심의 실상을 얼마나 잘 보여주는지 모릅니다! 우리는 종의 무덤 주위에서 슬퍼하고 있습니다. 그러나 주님의 무덤 주위에서 눈물을 흘리던 그 두 여인의 슬픔은 얼마나 더 컸으며, 그 성격 또한 얼마나 달랐는지요! 뼈아픈 상실감과 주체할 수 없는 슬픔이 그들의 마음을 채웠는데, 이는 그들이 생각하기에 그들은 그곳에 그분의 시신을 안치할 때, 그들의 모든 소망을 묻어 버렸기 때문입니다. 그들은 그분이 이스라엘을 구속하실 줄로 믿어왔습니다. 그러나 그분은 죽으셨으며, 따라서 그들의 민족의 장래에 대한 모든 소망도 땅 속에 묻히고 말았습니다. 그 당시 그들은 부활에 대해 알지 못했습니다. 우리는 다음 장에서 그 사실을 알 수 있는데, 거기서 그들이 그 사실을 깨닫고 기뻐하는 모습을 볼 수 있습니다. 그러나 우리는 주님께서 부활하셨으며, 그분이 슬픔 중에 있는 우리와 여기 함께 계시며, 그분이 자기와 함께 천상(天上, in heaven)에 있도록 우리 모두를 데려가기 위해 곧 다시 오신다는 사실을 아는 가운데서 여기 종의 무덤 주위에 모여 있습니다. 만일 우리에게 부활의 복스러운 소망이 없을진대, 어떻게 우리가 확신 가운데서 이 사랑하는 형제를 무덤에 안치하기 위해 이곳에 올 수 있었을까요? 그분의 부활로부터 흘러나오는 모든 것을 생각할 때 우리의 슬픔은 금새 놀라운 기쁨으로 변해버립니다!

죽음 앞에서 죽은 자를 예찬한다는 건 우리에게 어울리지 않습니다. 이 땅을 거닐었던 모든 사람 중 오직 한 분의 이름만이 여기서 기억하고 기념할 가치가 있습니다. 그분은 사망과 그 세력을 잡은 자를 폐하셨으며, 얼마 후면 그분의 잠든 성도들을 무덤에서 일으키고 살아있는 성도들을 변화시켜 공중에 끌어올려 그분과 함께 영원히 있게 하실 것입니다. 주님께서는 죽으시고 장사되셨으나 그러나 다시 살아 나셨습니다. '먼저는 첫 열매인 그리스도요 다음에는 그가 강림하실 때에 그리스도에게 속한 자요.' 우리는 이러한 복스런 소망으로 우리의 슬픈 마음을 위로하고 격려하는 가운데 사랑하는 형제의 몸을 이 무덤에 안치하고자 합니다."

이 짧은 헌사는 그를 둘러싸고 있던 사람들만 들을 수 있었고, 대략 700여명의 사람들만 들을 수 있었다[64]. 이어서 해몬드H A Hammond 형제의 뜨거운 기도가 드려졌는데, 주께서 주의 백성들에게 복을 내려 주시고, 우리의 마음을 주 안에서 강하게 해주시고, 현재 우리의 필요를 주의 자원으로 공급해달라는 기도를 드렸다. 그는, 우리 가운데서 취함을 입은 종이 그분의 교회에 바친 헌신적인 생애에 대한 감사와, 은혜로 말미암아 초지일관된 그의 인생여정에 대한 감사로 감동적인 기도를 마쳤다. 이 기도는 슬픔에 젖은 많은 성도들의 심령을 감사로 가득하게 해주었다.

이어서 블리스Blyth 형제가 아름다운 찬송으로 우리의 슬픈 마음을 위로해주었다.

---

[64] 어느 기록을 보면, 장례식에 참여한 사람들은 8-900명 쯤 되었다고 한다. 영국 전역과 아일랜드와 스코틀랜드에서 형제들이 참석했다. 런던에선 대략 3-400명이 왔다.

"곧 주께서 다시 오시리라.
예수, 우리 주여!
그 때는 기뻐하고 즐거워하리라.
예수, 우리 주여!
그 때는 주의 얼굴을 뵈오리라.
그 때는 주와 같게 되리라.
그 때는 영원히 주와 함께 있으리라.
예수, 우리 주여!"

이어서 크리스토퍼 월스톤 박사Dr. Christopher Wolston가 입을 열었다.

"우리 함께 성경 세 군데만 보겠습니다. 첫 번째는 창세기 48장 21절입니다. '이스라엘이 요셉에게 또 이르되 나는 죽으나 하나님이 너희와 함께 계시사 너희를 인도하여 너희 조상의 땅으로 돌아가게 하시려니와.'

" '나는 죽으나' 라고 족장이 말했을 때 그를 둘러싼 이들의 눈에서는 자연히 눈물이 흘러내렸을 것입니다. 그런 상황에서 눈물을 흘리지 않는 것은 자연의 이치를 벗어난 일일 것입니다. 그러나 다음 '하나님이 너희와 함께 계시니' 라는 말씀을 통해서 많은 위로를 받았을 것입니다.

"마찬가지로 사랑하는 친구들이여, 오늘 이 귀한 하나님의 종의 무덤 앞에서 우리가 흘리는 눈물은 정당한 것입니다. 그의 죽음은 잘못된 게 아닙니다. 그는 모든 면에서 우리 모두에게 하나님이 택하신 그릇이었습니다. 이제 우리 귀에 '하나님이 너희와 함께 계시니라'는 그의 음성이 들리지 않나요? 그 음성이 우리에게 들려야하지 않을까요? 그 음성을 통해서 우리의 마음은 안식할 수 있습니다. 우리의 사랑하는 형제는 이 세상을 떠나갔지만, 그러나 우리 하나님은 떠나시지 않았습니다. 한 형제를 통해 그가 떠났다는 소식을 전해 들었을 때 이 말씀과 다른 두 말씀이 제 영혼에 큰 힘이 되었습니다. 이제 하나님의 성령께서 저를 위로하셨듯이 여러분의 마음도 위로하시기를 바라는 마음에서 오늘 이 자리에서 그 말씀을 읽어드리겠습니다.

"두 번째는 빌립보서 2장에 있습니다. '그러므로 나의 사랑하는 자들아 너희가 나 있을 때뿐 아니라 더욱 지금 나 없을 때에도 항상 복종하여 두렵고 떨림으로 너희 구원을 이루라 너희 안에서 행하시는 이는 하나님이시니 자기의 기쁘신 뜻을 위하여 너희로 소원을 두고 행하게 하시리라.' (빌 2:12,13)

"여기에 동일한 아름다운 진리가 있습니다. 바울은 떠났습니다. 즉 옥에 갇혔습니다. 그러나 하나님은 떠나시지 않았습니다. 그리고 옥에 갇힌 사도는 그가 그들과 함께 있을 때보다 지금 떠나 있을 때 그들이 더욱 복종하게 될 것을 기대했습니다. 그가 없다는 것은 하나님께서 그분의 은혜와 능력을 나타내실 더 좋은 기회였으며, 이것이 바울의 마음을 위로했습니다.

"세 번째는 요한계시록 1장에 있습니다. '내가 볼 때에 그 발 앞에 엎드러져 죽은 자 같이 되매 그가 오른손을 내게 얹고 가라사대 두려워 말라 나는 처음이요 나중이니 곧 산 자라 내가 전에는 죽었었노라 볼지어다 이제 세세토록 살아있어 사망과 음부의 열쇠를 가졌노니' (계 1:17,18).

"이 말씀은 사도 요한에게 얼마나 힘이 되었을까요? 사랑하는 형제들이여, 이 말씀이 우리에게도 살아있는 능력으로 와 닿지 않나요? 당연히 그렇습니다! 죽음이 다스리는 이 세상에서 이 말씀처럼 우리 마음에 기쁨과 위로가 되는 것은 없습니다. 그분이 우리를 위해 죽으셨습니다. 그 거룩한 이름에 영광을 돌립니다. 그리고 그 죽음으로 우리가 생명, 곧 영원한 생명을 얻었습니다. 여전히 우리는 오늘처럼 죽음이 종종 우리를 괴롭히는 곳에 있습니다. 그러나 우리에겐 얼마나 놀라운 위로와 격려가 있는지요!

"그분은 '두려워 말라'고 말씀하십니다. 왜 우리가 두려워하지 말아야 할까요? 이 형제가 떠나고 저 형제가 떠납니다. 사랑하는 이가 하나 둘 취함을 입습니다. 이런 저런 도움이 사라집니다. 그러나 그분은 살아 계십니다. 살아서 다시는 죽지 않으십니다. 그렇다면 뭘 깨닫게 되나요? 우리의 심령은 그분께로 올라가, 무서운 죽음의 손이 낚아챌지 모른다는 두려움이 없이 찬송 받으실 주님 앞에서 즐거워합니다. 절대로 죽음이 우리를 낚아채지 못합니다. 형제들이여, 그분은 살아 계십니다. 그분은 더욱더 우리의 삶의 깊은 헌신의 대상이 되셔야 합니다. 제가 믿기에 우리의 사랑하는 형제요, 또한 하나님의 귀한 종을 데려가심으로써 하나님께서 우리에게 가르치고자 하시는 것은, 그가 그리스도를 좇았던 것과 같이 우리도 그리스도를 충성스럽게 좇을 뿐만 아니라, 더욱 주님 자신이 우리의 목표가 되고 그분 안에서 우리의 모든 원천을 발견하는 것입니다. 우리 마음이 '하나님이 너희와 함께 계시니'라고 한 옛 성도의 고백을 함께 즐거워할 수 있다면 우리는 상황이 어떠하든지 아무 부족이 없을 것입니다."

그는 이렇게 말을 마치고, 하나님께서 그분의 종의 떠남을 깊이 슬퍼하는 우리에게 그분의 임재가 주는 충만한 위로를 알게 해주시고, 또 그것이 그리스도와 그분의 관심사에 대한 더 깊은 헌신을 가져오게 해달라는 간절한 기도를 드렸다. 그리고 나서 앞서 부른 찬송을 다시 불렀다.

이어서 찰스 스탠리Charles Stanley가 말씀을 읽었다.
"너희는 마음에 근심하지 말라 하나님을 믿으니 또 나를 믿으라 내 아버지 집에 거할 곳이 많도다 그렇지 않으면 너희에게 일렀으리라 내가 너희를 위하여 처소를 예비하러 가노니 가서 너희를 위하여 처소를 예비하면 내가 다시 와서 너희를 내게로 영접하여 나 있는 곳에 너희도 있게 하리라."(요 14:1-3)

"형제들아 자는 자들에 관하여는 너희가 알지 못함을 우리가 원치 아니하노니 이는 소망 없는 다른 이와 같이 슬퍼하지 않게 하려 함이라 우리가 예수의 죽었다가 다시 사심을 믿을진대 이와 같이 예수 안에서 자는 자들도 하나님이 저와 함께 데리고 오시리라 우리가 주의 말씀으로 너희에게 이것을 말하노니 주 강림하실 때까지 우리 살아 남아 있는 자도 자는 자보다 결단코 앞서지 못하리라 주께서 호령과 천사장의 소리와 하나님의 나팔로 친히 하늘로 좇아 강림하시리니 그리스도 안에서 죽은 자들이 먼저 일어나고 그 후에 우리 살아 남은 자도 저희와 함께 구름 속으로 끌어올려 공중에서 주를 영접하게 하시리니 그리하여 우리가 항상 주와 함께 있으리라 그러므로 이 여러 말로 서로 위로하라."(살전 4:13-18)

그리고 나서 이렇게 말을 이어갔다.
"여기 본문과 또 성경 여러 곳에 담긴 소중한 진리는 이제 하나님의 교회 안의 수많은 사람들에게 친숙하게 되었습니다. 그러나 오늘 이 무덤 주위에 모인 분들 가운데는 이 중대한 진리가 잊혀지고 또 알려지지 않았던 때를 기억하는 분들이 있을 것입니다. 그렇습니다. 우리는, 오늘 여기 모인 분들이 자신이 사는 여러 지역에서, 주님께서 그리스도의 신부된 교회를 데려가기 위해 장차 강림하실 것이라든지 또는 성령께서 지상에 있는 그리스도의 몸된 교회에 거하기 위해서 강림하셨다든지 하는 그처럼 복된 진리를 아는 사람이 한 사람도 없던 때를 기억하고 있습니다. 우리는 죽음 앞에서, 이 소중한 몸을 이 무덤에 안치하며 주님 손에 맡기면서, 우리의 사랑하는 형제를 그런 진리들을 비롯한 복스러운 진리들을 교회에 회복시키는데 사용하신 하나님 우리 아버지의 지극히 선하심을 찬양드리지 않을 수 없습니다. 그리고, 그를 부르시고 또 세우시고 하나님의 선물로 우리에게 주셨던 그 주님께서 우리와 여전히 함께 하신다는 사실이 얼마나 위로가 되며 얼마나 감사할 제목이 되는지 모릅니다! 그분의 말씀이 우리에게 있습니다. 성령께서 우리와 함께 하십니다. 그의 죽음이 하나님의 온 교회를 축복하는데 사용되게 해주십사고 주님께 기도하도록 합시다."

그는 우리의 떠나간 형제가 하나님의 손에 이끌려 회복시켰던 진리인, 신자들이 즉각적으로 이루어지길 바라고 또 고대하는 소망으로서 주의 재림의 진리가 과거 어느 때보다도 더욱 우리 영혼에 살아 역사하게 해달라는 간구로 기도를 마쳤다. 이어서 크리스토퍼 윌스톤 형제가 다음 찬송을 불렀다.

"주 예수여, 오소서!
더 이상 주를 멀리 떠나 방황치 않으리라.
그 빛난 곳에서 주의 얼굴을 뵈오리라.
주 예수여, 오소서!

주 예수여, 오소서!
주가 계시지 않은 곳엔 애통 뿐,
주를 떠나면 기쁨도 사라지나니.
주 앞에는 슬픔이 없도다.
오소서, 예수여, 오소서!

주 예수여, 오소서!
우리를 당신의 소유로 주장하소서.
주께서 높은 곳 영광 중에 거니시는 길을
함께 걷기를 사모하는 마음으로 우리는 기다립니다.
오소서, 구주여, 오소서!

주 예수여, 오소서!
주의 백성을 본향으로 이끄소서.

흩어진 주의 모든 양떼가
주와 함께 영광 중에 나타나리라.
주 예수여, 오소서!"

우리 주의 강림하심의 찬란한 소망이, 그리고 그 가까움이 여기 감동적인 현장에 모인 많은 순례자들의 심령에 차고 넘쳤다.

이어서 관이 안식처로 내려졌다. 크리스토퍼 월스톤과 존 알프레드 트렌치John Alfred Trench가 머리 쪽에, 월터 월스톤과 H. A. 해몬드와 캡틴 킹스코트가 오른쪽에, 에첼스Etchells와 레슬리 히긴스와 로버츠T. Roberts가 왼쪽에, 그리고 W. 톰슨Tompson이 발 아래쪽에 각각 있었다. 그리고 우스터Worcester에서 온 T. 로버츠 형제가 다비의 시신을 그 찬란하고 복스런 부활의 아침까지 주님의 안전한 보호에 의탁 드리는 기도와 함께, 우리 모두 "그 날"까지 그분의 길에 굳게 서 있게 해달라고 간절히 기도했다. 이어서 카터E. Carter 형제가 다음 찬송을 불렀다.

"찬란하고 영원한 영광 중에
주를 찬송함이 계속되리라.
하늘의 보내심을 받아 죽기 위해 이 땅에 오신
어린양의 이야기를 누가 막으련가?

하나님의 충만한 영광을 떠나
갈보리의 깊은 저주로 내려가셨으나
이제는 하늘 높이 오르신 주 앞에 우리가 엎드리니

찬양의 강물이 쉬지 않고 흐르는도다!
그분의 복스런 승리를 노래하세.
그분의 아버지 보좌에 앉으심을 노래하세.
하늘과 땅이 진동하도록 노래하세.
그 나사렛 예수께서 다스리심을."

그 엄숙하고도 환희에 찬 후렴을 모두가 한 마음과 한 목소리로 외쳐 불렀다. 우리 형제를 취하신 주님을 향해, 슬프면서도 기쁨에 찬 찬송을 올려 드렸다.

"영광과 존귀와 찬양과 권세가
어린양께 영원히 있도다!
예수 그리스도는 우리 구주
할렐루야! 할렐루야!
할렐루야! 주를 찬양하라!"

이렇게 장례식이 끝나고, 조문객들은 고개를 떨구고 마지막 작별을 고한 다음 흩어졌다. 이제는 모두들 그를, 이 땅에서 자원함으로 또한 지칠 줄 모르는 수고로 주님을 섬겼고, 어려울 때 조언을 주었고, 슬플 때 위로를 주었고, 언제 어떤 상황에서든 필요한 도움을 주었던 모습으로가 아니라, 그의 사랑하는 주님 존전에 있는 모습으로 떠올리게 되었다.

한 형제가 랜스다운 룸에 차(茶)를 준비했기에 대부분이 그리로 갔다. 거기서 다비의 마지막 편지의 내용을 들어보지 못한 많은 이들을 위해서 그 편지를 읽어주었다.

곧 런던행 특별 열차가 오후 6시 10분에 도착해서 많은 사람들을 태우고 떠났고, 남은 사람들은 저녁 7시 30분에 집회를 위해 랜스다운 룸을 가득 채웠다.

월스톤 박사가 "위에 있는 성도들의 안식"이란 찬송을 불렀다. 이어서 스넬 박사Dr. H. H. Snell이 사무엘상 17장 50-58절을 읽었고, 다윗을 통해서 주 예수 그리스도를 성도들 앞에 제시한 다음 기도를 했다. 이어서 찰스 스탠리가 느헤미야 13장 4-13절과 사도행전 20장 28-38절을 읽었고, 다비가 주님께로 간 일과, 그를 통해 진리가 전해진 일과, 그리고 하나님께서 그에게 주신 진리를 후대에 전할 책임을 형제단에게 맡기신 일을 얘기했다. 이어서 "영광스런 모든 이름들에 합류하세Join all the Glorious Names"를 불렀다.

이어서 T. 로버츠가 사도행전 20장 17-28절을 읽었고, "주와 및 그 은혜의 말씀"과 하나님의 신실하심에 대해 얘기했다. 집회는 주님의 충만한 인도하심 가운데 C. E. 스튜어트의 기도로 끝마쳤다. 끝으로, 월스톤이 다비가 한 말을 상기시켰다.
"우리 속의 평안과 우리 밖의 능력의 비결은 오로지, 그리고 항상 선(善, good)에 사로잡히는 것입니다."

## 다비의 비문

존 넬슨 다비
"무명한 자로 살고자 했으나 유명한 자로 생을 마감하다."
1882. 4. 29. 81세를 향유하고
그리스도와 함께 있고픈 소망을 따라 떠나가다.
고후 5:21

주님, 나로 주님만 홀로 섬기게 하소서.
나의 삶은 오직 이것을 위해서만 존재할 뿐입니다.
그저 무명한 자로 여기 이 땅에서 주님을 섬기다,
저기 하늘에서 주와 함께 천상의 복을 누리게 하옵소서.
J. N. D.

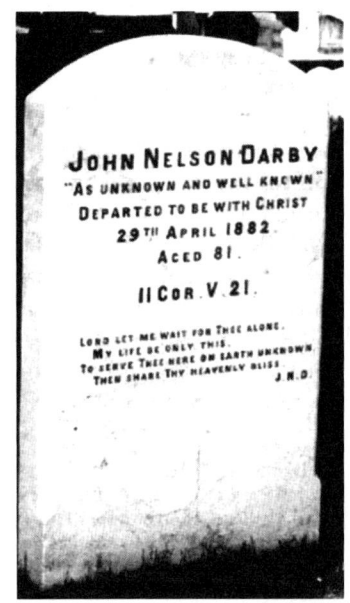

◀ 존 넬슨 다비의 시신은 본머스에 안장되어 있다.

# 부록 1.
## 다비의 질병과 죽음에 관련한 서신들

Letters from J B Stoney, Second Series, Vol. 1, pp. 218-220.

1882년 1월 30일. 어제 오후 다비를 만났습니다. 그는 많이 약해 보였지만, 기억은 또렷했습니다. 그는 차를 마신 후 많이 회복되었습니다. 인간적으로 말해서 그는 거의 가망이 없어 보였지만, 주님이 그를 여기로 부르셨다고 말할 수 있을 것 같습니다. 주님은 그를 여기서 필요로 하십니다. 나는 그렇게 믿습니다.

다비를 간병하는 사람이 어제 우리를 불렀습니다. 나는 또 다비를 찾아갔습니다. 그는 여전히 기억이 또렷했지만, 숨쉬는 것을 많이 힘들어했습니다.

휴어 형제가 다비를 방문하고 싶다고 연락을 했습니다. 그는 본머스에 가고 싶어 했지만, H 형제가 다비에게 무리가 될 것 같다는 말을 해서 포기했습니다. 나는 12시경 다시 와서 다비 옆자리에 앉았습니다. 거의 1시간 가량 그 옆에 앉아 있었습니다. 그는 자신의 사역이 끝났다는 말을 했습니다. 나는 이렇게 대답했습니다. "형제님은 지금보다 더 필요한 때가 없었던 듯합니다. 형제님은 지금 주의 백성들에게 위로 자체이십니다." 그러자 그는 "주께서 여기서 나를 지키고 계시네. 미국 형제가 누군가에게 이런 말을 들었다며, '형제님 없으면 교회는 아무 것도 할 수 없습니다' 는 말을 했는데, 형제는 이 말을 들어보았나요?"라고 말했습니다. 이어서 그는 "나는 곧 죽습니다!'라고 말했습니다. 그래서 나는 "형제님이 없으면 우리는 아무 것도 할 수 없다"는 말을 하진 않았지만, 그는 모임을 사랑하는 마음에서 그렇게 표현한 것 같습니다. 자신을 위해 한 말이 아니라, 제 생각엔 모임의 성도들을 위해서 한 말 같습니다. 물론 형제님은 주와 함께 거하는 것이 더 좋으시겠지요." 다비는 "그래요. 그게 더 좋죠."라고 대답했습니다. 나는 계속해서 "초대교회 성도들이 도르가의 선행을 말한 것처럼, 저도 주님께 그리하고 싶네요."라고 말했습니다. 그러자 그는 자신의 유언에서 "만일"이라고 된 부분을 읽어보았느냐고 물었습니다. … 오늘 아침 식사시간 전에 나는 호출을 받았고, 그는 아침식사를 했습니다. 그러자 곧 7시가 되었습니다. 그는 시간을 잘못 알았다고 말했습니다. 그는 훨씬 좋아보였습니다.

본머스에 안전하게 도착한 다비는 매우 피곤했지만, 여정을 잘 견뎠습니다.

어쩌면 그렇게 드러나게 된 정신은 다음 대화를 통해서 볼 때 그 진가가 잘 드러나 있습니다.

_____다비의 건강이 악화되었다는 전보가 왔고, 나는 본머스로 출발했습니다. 도착했을 때, 그가 나의 이름을 부르는 것을 들었습니다. 그는 그리 심각해보이진 않았습니다. 그는 여러 가지를 언급했습니다. 여러 지역교회의 사정에 대해서 물었고, 저는 주님이 주시는 힘을 의지하고 있다고 말했습니다. 그는 "하나님의 백성에게 남아 있는 안식"에 대해서 많이 묵상하고 있었습니다. 나는 "여기

이 땅에 안식이란 없지요"라고 말했습니다. 그러자 그는 "하지만 그건 하나님의 안식이란 걸 볼 수 있어야 해요."라고 덧붙였습니다. … 그가 2층으로 올라가는 것을 도왔고, 그는 의자에 앉았습니다. 그가 곧 잠들 거라 생각하고 내려왔는데, 얼마 지나지 않아 그가 문 앞에 서서 나를 불렀습니다. 그래서 다시 돌아가, 그와 함께 시간을 보냈습니다. 그는 몇 가지를 언급했습니다. "사랑하는 \_\_\_\_는 그리스도를 사랑했어." 그가 말했습니다. "그는 결코 교회를 이해하지 못했습니다."라고 내가 대답했습니다. "하지만 그는 그리스도를 사랑했고, 그것은 교회보단 나은 거야." 나는 다시 "누군가 그리스도를 사랑한다면, 그는 반드시 교회를 사랑하는 사람이어야만 합니다"라고 대답했고, 그는 "그건 맞는 말이야"라고 말했습니다. 그는 \_\_\_\_에 대해서 내가 생각하고 있는 바를 물었습니다. 과연 그가 주를 깊이 사랑한 것이었는지? 그리고 그는 단순히 주를 위하여 그리했던 것인지? 물었습니다. … 사역이 발전되어 가고 있다는 소식을 듣고 그는 기분이 좋아져서, 자주 하나님의 선하심을 이야기했습니다. 이어서 그는 우리가 "교회를 위해서 더 많이 기도해야 한다"고 했습니다. 그리고 사역에 힘쓰고 있는 하나님의 종들을 위해서, 그들이 그리스도의 영광을 더 많이 생각하도록, 그리고 개인적으로 나를 위해서 기도해주었는데, 매우 감동적인 기도였습니다. 그리고 나서 그는 형제단 모임 밖에 있는 사람들을 위해서, 그들이 "몸의 하나됨" 안으로 들어오도록 간구하는 기도를 했습니다. 이어서 그는 나를 주께 부탁하는 기도를 한 후, 나에게 입맞추었습니다. 나는 굉장한 감동을 받았습니다. 나는 이렇게 말했습니다. "저는 이 세상 어느 누구보다 형제님에게 많은 빚을 졌습니다." 이에 그는 "한 사람이 더 있지요."라고 대답했습니다. 나는 그 말의 뜻을 이해했습니다. 그분은 바로 그리스도였습니다. 그리고 나서 우리는 헤어졌습니다.

오늘 그는 더 약해진 듯 보였지만, 매우 밝은 목소리로 ____와 대화를 나누었습니다. 그는 나에게 나중에 또 오겠다는 말을 하고는 돌아갔습니다. 그는 지금은 누구도 알아보지 못하고 있지만, 많은 사람들이 밖에서 대기하고 있습니다. 그는 R E에게 "황홀한 느낌은 없지만, 깊은 평안을 맛보고 있습니다"라고 말했습니다. 그는 "그분은 내가 항상 알아왔던 그리스도이십니다. 나는 다른 분에게로 가는 것이 아니에요.' 라는 말을 종종 했습니다.

당신은 내가 사랑하는 다비 형제님이 계신 본머스로 다시 가지 않는 걸 이상히 여길지 모르지만, 나는 그와 함께 했던 마지막 시간을 추억하고 매우 기뻐하고 있습니다. 어쨌든 건강이 더 나빠지고 있다는 사실을 생각하며 견딜 수 없는 고통을 느낍니다. 의식도 없고, 고통스러워하는 그를 보는 것은 너무 힘든 일입니다. 주변에서 들리는 참되고 진실한 사랑을 표현하는 그 어떤 미사여구로도, 나의 마음을 위로해주지 못하고 있습니다. 가까이 지낸 사람들이 많이 있긴 해도, 나는 그 누구보다 그와 친밀한 마음을 나누었다고 생각합니다. 그는 주님과 매우 친밀한 사람으로 느꼈기에, 나는 어느 아버지에게 하는 것 이상으로 그를 많이 흠모했습니다. 만일 내가 개인적으로 그를 돌볼 수만 있다면, 나는 그를 홀로 두지 않을 겁니다. 이제 그는 그 누구도 알아보지 못하는 상태에 있습니다.

당신의 애정 어린 동정은 내가 당신에게 기대하던 그대로였습니다. 우리의 사랑하는 형제님을 잃는 것만큼 큰 상실감은 없을 것입니다. 이런 연대감은 수년간 쌓아온 신뢰에서 나오는 그런 것입니다. 나는 그가 생각하는 것 이상으로 그를 흠모해왔습니다. 나는 그의 사랑을 받으며, 온전히 신뢰해왔습니다. 나는 혼자라는 느낌을 떨쳐 버릴 수가 없습니다. 그 어떤 따스한 말로 위안이 되지 않을듯 합니다. 주 안에서 서로 서로를 묶고 있던 끈은 다른 어떤 끈보다 강했습니다. 이렇게 그의 최근 소식을 당신에게 전하게 되어 기쁩니다. 좋은 시간에 그를 방문하게 된 것을 감사하게 생각합니다. 그가 그렇게 연약한 상태에 있는 것을 보는 것이 힘들었습니다. 그럼에도 그가 온전히 돌봄을 받고 있음에 감사를 드립니다. 지금 저의 간절한 바램은 그가 주의 임재 속으로 밝고 기쁨 가운데 들어가는 것입니다."

스토니 B Stoney

◀ 스토니 B Stoney는 다비와 오랜 세월 친구로 지냈으며, 이슬링턴 론스데일 스퀘어 23번지에 살았다. 그리고 다비는 론스데일 스퀘어 3번지에 살았다. 이 집은 지금도 그대로 있다. 스토니는 1834년에 더블린에 있는 형제단 모임에 합류했다.

**부록 2.**
**다비의 유언장**

1881년 3월 2일자로 작성된 다비의 유언장 사본. 1881년 8월 30일, 1882년 3월 26일, 그리고 1882년 4월 1일 날짜로 수정되었다.

## 부록 3.
## 다비에 대한 다양한 추억과 평가

윌리암 켈리의 서신
1901년 2월 22일

"고인이 된 다비는 높은 수준의 교육을 받은 사람이었고, 탁월한 능력을 가진 사람이었으며, 지식분야에서 보기 드문 업적을 남겼고, 출중한 논리적인 사고 능력과 타의추종을 불허하는 도덕성과 철학적 분석을 가진 사람이었습니다. 게다가 고전과 현대문학을 이해하는 문학적 소양과 그것을 표현해내는 언어능력은 두말할 필요가 없었습니다. 그는 영국 최고의 대학을 졸업했습니다. 나는 그가 '좋은 교육을 받았다는 것이 반드시 좋은 결과를 내지 않는다' 는 식으로 말하는 것을 들었지만, 그가 더블린에 있는 트리니티 대학을 포함시켜서 그 말을 했는지는 확신할 순 없습니다. 만일 그랬다면, 그는 케임브리지와 옥스퍼드를 비판했을 것이며, (그의 사후에 설립된) 런던 대학까지 그리했을 것입니다. 그는 공립학교가 젊은 이들을 하나님을 거의 또는 전혀 경외하지 않는 방식으로, 그저 세상을 위해 훈련시킨다고 느꼈습니다. 그가 그 이상을 생각했는지, 저는 알지 못합니다. 하지만 존경하는 다비 형제님이 성도로서 하나님의 종으로서 가진 특징을 볼 때, 감히 말하건대, 그는 어느 누구보다 성경에서 하나님의 마음을 깊이 있는 통찰로 읽어낸 사람이며, 사도들의 시대로 이후로 그만큼 하나님의 마음 가까이 나아간 사람은 없다고 장담할 수 있습니다. 크고 작은 문제들을 결정할 때마다, 그런 그의 영적인 능력으로 그리스도의 대의를 내세울 수 있었습니다. 그의 저서들은 결코 평범하지 않습니다. 그의 저서 가운데 최고의 작품은 다비 성경주석시리즈 the Synopsis 입니다. 그는 최고의 영성을 가지고 뉴턴의 「묵시록에 대한 소고(小考)Thoughts on the Apocalypse」에 나타난 오류를 비판하는 글을 썼으며, (예언을 주제로 한 설교집 Prophetic 3권에 실렸음) 보나 박사에게 베드로전서 2장 24절을 가지고 하나님의 의란 무엇인지를 변론했던 소책자는 그의 걸작으로 (그의 판단에 의하면) 남았습니다. 그는 종종 여기 저기서 위엄 있는 말투로 글을 썼지만, 가끔은 이해하기 어려운 말투로 글을 쓰기도 했습니다. 그래서 일반적으로 보통 독자들은 이해하기 어렵다는 평가를 내렸습니다. 그의 글 쓰는 스타일은 딱 잘라 말하기 어렵습니다. 그는 나에게, '이보게 켈리, 형제가 글을 쓰고, 나는 생각만 하면 어떨까? 나는 광부처럼 귀한 광물을 캐내오고, 다른 사람들은 그걸 이용해서 금화를 만드는 거지.' 라고 했습니다. 그는 본래 꾸미는 것을 싫어했는데, 그래서인지 문학적인 기교는 무시했습니다. 벨렛Bellett, 뉴턴Newton, 홀Hall, 트레겔레스Tregelles, 비벌리Beverley, 도먼Dorman, 그리고 최근 인물로서 매킨토시Mackintosh, 스튜어트Stuart, 그랜트Grant 등등. 나는 그들 모두가 작가로서 훌륭하다고 생각하지만, 다비와 비견될만한 사람은 없다고 생각합니다.

E D 경은 매우 헌신적인 아일랜드 준남작인데, 감미로운 찬송과 가사를 많이 썼습니다. 그는 다비가 초기 여러 가지 소책자들을 쓰고 또 강의했던 것들을 연대순으로 정리하는 일을 했지만, 차트들에 대해선 무관심했습니다.

나는 형제단 모임이 시작되었을 때, 두 가지 흐름이 있었다는 것을 믿지 않습니다. T 형제가 죽었을 즈음, 크로닌E Cronin 형제와 자매들이, 다비와 다른 사람들이 모임을 시작(65)한 후 2년 또는 3년 후에야 새로운 모임에 합류했습니다. 어쩌면 D 형제는 자신이 국교회를 떠났던 1827년 이전에 그 소식을 듣지 못한 것 같습니다. 또 그 당시 크로닌 형제도 다비를 알고 있지 못한 것 같습니다. 결과적으로 크로닌은 양쪽 모두와 연관되어 있었고, 그 때 그와 두 명의 드루리스 자매들이 함께 하고 있었습니다. 다른 사람들은 나중에 더해진 사람들이었습니다.

W K"

◀ 윌리암 켈리William Kelly, 켈리는 역사상 형제단 가운데 가장 탁월한 성경교사였으며, 특히 다비의 저작물을 형제단 교회의 유산으로 남긴 인물이다.

65) 윌리암 켈리 또한 1901년 1월 23일에 이렇게 썼다. "크로닌 박사는 나에게, 형제단 운동에서 최초로 떡을 뗀 것은 더블린, 색슨빌 스트리트에 있는 성서공회 사무실이었으며, 그때가 1825년 경이었다고 말해주었다. 그와 함께 했던 유일한 동료는 젊은 비서 E T였으며, 나의 기억이 옳다면 그는 일찍 죽었다. 그의 이름은 그 당시 지역주민 명부에 의해서 확인할 수 있었다. 다른 사람들이 나중에 (예를 들자면, D 자매들이) 합류했지만, 이 때가 과연 피츠윌리엄 스퀘어에서 다비와 기타 다른 사람들이 떡을 떼는 모임을 갖기 이전인지는 확실하지 않다. 나는 존 넬슨 다비를 위대한 사람이자 또한 선한 사람으로 인정하지 않을 수 없다. 물론 그 두 가지 표현이 함께 어울리는 것이 매우 어려운 것도 사실이다. 그런 사람에게 약점이 있을 수 있다는 것을 부인하고 싶은 마음은 없지만, 거기에 비해 그가 가진 위대함은 그것을 상쇄하고도 남는다."

## 1882년 5월 11일자 The Christian Commonwealth에서 발췌

"이 나라 영국이 배출해낸 가장 탁월한 그리스도의 종이 최근에 세상을 떠났습니다.

우리는 존 넬슨 다비의 시신을 본머스에 안장했다는 소식을 지난 주 간략하게 전했습니다. 이 걸출한 인물과 관련된 소식이 신문에 실리는 것이나, 그가 우리 영국의 국가 유공자들의 묘역에 묻히는 것은 결코 과한 일이 아닐 것입니다. 그럼에도 그가 주요한 지도자들 가운데 한 사람으로 참여했고 또 주도했던 형제단 운동에서, 그는 가장 강력하고, 가장 왕성하게 활동했고, 가장 커다란 영향을 미친 인물이었습니다. 형제단Brethren이 세상에 잘 소개되어 있지 않은 이유는, 그 운동의 주창자였던 다비가 자신들의 교회나 자신들의 사역을 언론에 알리는 것을 일체 거절했기 때문입니다. 다비란 사람은 불친절한 사람들과 때로는 무지한 사람들, 심지어는 그를 반대하는 사람들에게서 추억되고 있을 뿐이었고, 그런 에피소드 20개 가운데 19개 정도는 확인되지 않은 채 오늘날까지 사람들의 입에서 회자되고 있습니다. 그들의 교회는 대개 찾기가 쉽지 않으며, 찾아가보아도, 보통 사람들에게 매력을 줄 만한 무슨 꾸미는 모양새는 없고 오로지 단순함만 있을 뿐입니다. 그럼에도 성경의 중차대한 진리들이 그들에 의해서 수호되고 있었습니다. 그들은 하나님의 말씀을 엄격하게 고수하면서, 놀랄 정도로 문서사역이 활성화되어 있으며, 지난 35년 동안 그들 상호간에 경이로울 정도로 협력 체제를 유지해오고 있으며, 우리 시대의 참 교회 역사 속에서 높은 지위를 차지하고 있습니다.

그리스도 교회의 영적 능력은, 하나님 말씀의 참 뜻을 파악한데서 오기 때문에, 단지 새로운 교단을 창설함으로써 주어지지 않습니다. 성령의 능력을 통해서는 주어지는 영적인 통찰력과 하나님의 진리가 가지고 있는 경이로운 영향력은 개인이건 단체이건, 교회 조직 또는 교단과 동일시된 적이 한 번도 없습니다. 그 능력은 교단보다는 개인에게서 나타났습니다. 우리는 다비JND나 매킨토시CHM 같은 저자들에 의해서 설파된 가르침의 어마어마한 영향력을 굳이 외면하고 싶지 않습니다. 그들 성경 해석의 원리들은 하나님의 깊은 것들을 파악해내는 정확한 분석력에 의해서 주어진 그들의 선명한 영적인 통찰력과 종교개혁에 의해서 회복된 엄청난 교리들을 성경을 통해서 변호할 수 있는 그들의 변론력, 그리고 우리 주님의 전천년 재림설에 대한 강력한 증언 등에 터 잡고 있는데, 이러한 것들은 그들에게 참되고 차별화된 성경해석을 하는 사람들이란 지위를 가져다 주었습니다. 이 점은 우리 영국 뿐만 아니라 다른 나라에 있는 영적인 마음을 가진, 허다한 하나님의 말씀을 공부하는 성경학도들이 공통적으로 인정하는 바입니다.

흔히 형제단 저서들은 전 세계에서 환영을 받고 있습니다. 전 세계 수천수만의 지성적인 남녀들은 형제단과 관계를 맺고 있으며, 형제단은 하나님의 임재를 체험하는 예배의 실재와 강력하고, 단호하고도 또한 복스런 복음증거의 사역을 유지해오고 있습니다. 그들은 유다서의 말씀 그대로, "지극히 거룩한 믿음 위에 자신을 세우는"(유 1:20) 일을 실천하고 있습니다. 형제단에 속한 사람들은 그리스도인으로서 뛰어난 삶을 살고 있으며, 군대, 해군, 국가 공무원 세계에서 겪는 어려움과 난관을 잘 참아내고 또 극복해내는 영성을 잘 발휘하고 있습니다. 감히 말하건대, 인도 내에 있는 영국인들 대부분은 형제단에 속한 사람들이며, 진실한 그리스도인들이라고 말할 수 있습니다. 그렇습니다. 그들은 분명 우리 주님의 나라에서 밝게 빛나는 빛들입니다.

영국에 있는 이 하나님의 사람들, 즉 형제단을 알고 있는 사람은 누구라도, 그들이 목회자와 복음전도자로서 기독교 신문사들이 공공연하게 내세우는 합리주의와 소치니주의를 반대해왔으며, 또한 그들 형제단에 의해서 지성적으로 쓰여지고 또 부지런하게 배포되었던 다양한 출판물들, 신문기사들, 그리고 소책자들이 얼마나 가치 있는지, 그리고 기독교계에서 얼마나 환영을 받았는지를 잘 알고 있습니다. 소수의 도서관이지만 선뜻, 몇몇 경우엔 조용히, (이미 언듯했지만 그들 이름을 이니셜로 표기해도 누군지 알만큼) 형제단의 유명한 저자들의 저서들 뿐만 아니라, 굳이 열거할 필요가 없는 다른 저자들의 저서들도 비치했습니다. 형제단의 저서들을 접했던 수백 명의 성직자들과 비국교도 교회의 사역자들은 기독교신문사에서 찬양일색인 많은 저자들의 저서들, 사실은 아리우스 사상을 반복하는 것에 불과할 뿐인 책들에게서 본능적으로 돌아설 수 있었습니다.

지난 30년 동안 형제단에 의해서 전파되어온 높은 수준의 진리들은 거의 알려지지 않았지만, 그들에겐 주로 "하나님의 각종 지혜"를 그리스도의 교회에 알게 해주었다는 엄청난 영예가 돌려지고 있습니다. 그럼에도 형제단에 대해서 "영광과 욕됨으로, 악한 이름과 아름다운 이름으로, 무명한 자 같으나 유명한 자"로 말하는 것도 사실입니다. 하지만 로마 교회도 사도 바울에 대해서 잘못된 판단을 내렸던 것을 기억해야 합니다. "이에 우리가 너의 사상이 어떠한가 듣고자 하니 이 파에 대하여는 어디서든지 반대를 받는 줄 알기 때문이라."(행 28:22) 형제단은 어쩌면 사도 바울처럼 "어디서든지 반대를 받는 사람들"이란 오명을 쓰고 있는 사람들일지도 모르기 때문입니다.

「존 넬슨 다비의 성경주석시리즈」는 점차 표준적인 성경주석으로 자리를 잡아가고 있으며, 최고 수준의 주석서로 자리매김할 것입니다. 다비의 삶은 풍성한 수고와 많은 성공으로 점철된 삶이었습니다. 그는 "이리로 올라오라"는 주의 음성을 듣고 하늘로 소천했으며, 그곳에서 환영을 받고 있을 것입니다. 그는 그의 엄청난 지성에서 뿜어져 나오는 힘과 그의 육체가 가진 힘을 모두 불살라 주께 봉사하는 삶을 살았습니다."

### Men of the Times에서 발췌

"아일랜드 킹스카운티 에스콰이어에서 살았던 고(故) 존 다비의 막대 아들로 태어난 존 넬슨 다비는 1800년 웨스트민스터에서 태어났습니다. 그는 1819년 더블린에 있는 트리니티 칼리지를 고전학 최우수 학생으로 졸업했으며, 변호사가 되기로 결심했습니다. 그리고 나중에 그는 성직의 소명을 받았지만, 얼마 안 되어 성직을 버렸는데, 이로써 그의 사역은 보다 자유로워졌을 뿐만 아니라 대영제국과 아일랜드, 프랑스, 스위스, 독일, 네덜란드 등으로 확대될 수 있었습니다. 그리고 말년에는 북미와 남미, 서인도제도, 뉴질랜드,

호주까지 사역을 넓힐 수 있었습니다. 그는 성경전체를 독일어로 번역하였으며, 신약성경을 영어와 불어로 번역했습니다. 이외에도 이런 저런 언어로 쉴 새 없는 설교사역에 전념했으며, 다양한 성경의 진리와 주제로 글을 썼습니다. 그 결과 다비 전집이 탄생했으며, 지금까지 출판을 거듭해오고 있습니다. 다비 전집과는 별도로 그가 쓴 단일 저작 가운데, 가장 탁월한 작품은 다섯 권으로 된 다비 성경주석시리즈Synopsis of the Books of the Bible가 있습니다."

### 폴 피터 발텐스트롬Paul Peter Waldenstrom에게 보내는 W Reid의 서신

스웨덴 게플의 발텐스토롬 교수이자,
주 안에서 사랑하는 형제님께

"만일 다비를 만나기를 바란다면, 그는 지금 독일에서 '교회들을 굳건하게' 하는 일을 하고 있음을 알려드립니다. 만일 나를 통해서 그에게 편지를 전달하길 바란다면, 나는 기쁘게 그 일을 맡아 그가 있는 곳으로 편지를 보내드릴 것입니다. 스웨덴에 있는 당신에게 와달라고 그에게 요청하진 않으실 거죠? 그는 신약교회의 진리를 주님에게서 받은 사람이고, 지상에서 그 진리를 온전히 아는 사람일 뿐만 아니라, 신자들이 현시대에 무슨 일을 해야 하는지에 대해 성경이 가르치고 바를 정확하게 아는 유일한 사람입니다. 그는 당신과 독일에 있는 다른 사람들에게 이 주제로 풍성한 교제를 나눌 수 있을 겁니다. 그처럼 영적인 경험이 풍성한 '*하나님의 사람*' 이 이번 여름 당신과 함께 하게 된다면, 그것은 엄청난 기회가 될 것입니다.

 그는 거의 사도처럼 온 세상을 다니고 있으며, 만일 당신이 지금 그를 만날 기회를 잡지 않는다면, 그는 가을쯤이면 다른 나라를 여행하고 있을 겁니다. 그는 전에 영국 국교회의 사제였고, 상류층 인사였습니다. 그는 지금 78세 정도 되었습니다. 만일 당신이 그렇게 나이 많은 그를 지금 만나보지 않는다면, 당신은 어쩌면 이 세상에서 그를 다시 보지 못할 수도 있습니다. 당신이 타의추종을 불허하는 그의 저서들을 읽는데 시간을 들여 보았다면, 그를 보지 못하고 그냥 보내버린 일을 두고, 당신은 일생 동안 후회하며 보내게 될 것입니다."

윌리엄 레이드<sup>William Reid</sup>

▲ 매킨토시(C H Mackintosh), 다비가 쓴 「성령론」이란 책을 읽고, 영적 갈등과 번민에서 해방을 받았으며, 형제단 가운데 가장 영성 깊은 글을 쓰는 저자가 되었다.

▲ 위그램(G V Wigram), 다비의 절친이었으며, The Englishman's Greek Concordance of the New Testament의 저자이다.

## 부록 4.
## 찬송가 작가로서 존 넬슨 다비

### 왈레스F Wallace66)에 의한 다비의 찬송에 대한 평가

존 넬슨 다비는 엄청난 일을 성취해낸 사람이었다. 그는 주를 위해 헤아릴 수 없을 정도로 많은 일을 해낸 일꾼이었다. 하나님의 복음을 전파한 설교자였으며, 하나님의 양떼를 먹이는 목회자였다. 글 쓰는 탁월한 재능을 가진 작가였으며, 하나님의 말씀을 설교하고 또한 말씀을 통해서 장래 일을 예고하는 예언자였다. 그리고 그는 감미로운 찬송가를 지은 찬송 작가였다. 부록 4는 찬송 작가로서 그의 능력을 언급하고자 한다. 다비의 생애에 대해 관심을 가진 사람들을 위해, W G 터너의 존 넬슨 다비의 생애란 책을 추천하고 싶다. 다비가 지은 시들을 모은 신령한 노래Spiritual Songs는 읽고 음미해볼 가치가 있다. 우리는 다비의 시들을 모은 신령한 노래란 책과 찬송집으로서 Spiritual Songs와 혼동하지 말아야 한다.

콘월E E Cornwall은 자신이 지은 *순례자의 노래*Songs of Pilgrimage 란 책에서 다비가 지은 찬송에 대한 몇 가지 흥미로운 이야기를 소개하고 있다. 그의 책에서 몇 개를 가져왔는데, 이 글에 매우 도움을 줄 것이다.

존 넬슨 다비의 찬송은 50년이란 세월 동안 작사되었다. 그 가운

---

66) 왈레스Wallace는 1978년에 출판된 Psalms and Hymns and Spiritual Songs란 찬송집을 편집했던 4명 가운데 한 사람이었다.

데 몇 개는 *The Prospect, The Present Testimony*와 *A Voice to the Faithful*과 같은 잡지에 처음으로 소개되었다. 나머지 곡들은 다비의 사후에 *Spiritual Songs*에 수록되었는데, 여기서 작사된 날짜가 표기되었고, 가끔 작사된 장소와 상황을 소개하고 있다. 다비가 지은 첫 번째 찬송은 1832년에 지어진 'What powerful, mighty Voice so near' 였는데, 흥미로운 점은 그의 사후 MS가 가지고 있었는데, 이 곡의 존재를 아무도 모른 채로 거의 50년이 지난 후에야, 하나님의 부르심에 대한 그의 마음의 반응을 표현하는 가사로 그 존재를 드러내었다는 것이다.

(이 시의 이름은 '소명The Call' 이다. 이 시의 한 연이 다비가 잠들어 있는 본머스 묘지의 묘비명에 새겨졌다.)

'주님, 나로 주님만 홀로 섬기게 하소서.
나의 삶은 오직 이것을 위해서만 존재할 뿐입니다.
그저 무명한 자로 여기 이 땅에서 주님을 섬기다,
저기 하늘에서 주와 함께 천상의 복을 누리게 하옵소서.'

이 시는 일곱 연으로 구성되어 있으며, 첫 줄은 '찬송 받으실 주여, 말씀하옵소서' 로 시작되는데, 찬송집 Spiritual Songs 348쪽에 수록되어 있다. 다비가 작사한 6개의 찬송은 1850년 이전에 지어졌고, 엄청난 수고와 활동의 기간 동안에도 지어졌다. 그 찬송들은 다음과 같다[67].

---

[67] 1978년판 신령한 노래Spiritual Songs에서 숫자는 괄호 안에 표기되었고 또 신령한 노래란 찬송집의 첫째 줄에 있는 가사가 여기 리스트에 소개되었다.

1832년 찬송 받으실 주여, 말씀하옵소서(348장)
1835년 들으라, 수만의 외침을(14장)
1837년 내 영혼아, 일어나라(76장)
1845년 위에 있는 성도의 안식(79장)
1845년 오 주여, 당신의 사랑은 끝이 없어라(343)
1849년 이 세상은 광야니(139장)

"들으라, 수만의 외침을Hark, ten thousand voices"은 다비가 한 쪽 눈에 심각한 질병을 앓고 있을 때, 한 친구에게 받아 적게 한 것이었다. "오 주여, 당신의 사랑은 끝이 없어라O Lord, Thy love's unbounded"는 다비가 동일한 구절로 시작하는 데크J G Deck가 지은 찬송을 기억해내려고 애쓰다가 마차에서 적은 것이었다.

1850년부터 1872년까지 다비는 6개의 이상의 찬송을 지었다. 그 찬송들은 유럽, 캐나다, 그리고 미국을 다니는 동안 "왕성한 사역"을 하는 동안 지었고, 무수한 책을 쓰고 또 성경을 번역하는 동안 지었다. 그 여섯 개의 찬송은 다음과 같다.

1856년 주 예수, 귀하신 구주여(450장)
1856년 쉬지 말고 찬송을 부르자(12장)
1867년 오 밝고도 복스러운 광경이여!(64장)
1867년 주 예수, 안식할 처소 없는 순례자(452 & 400장)
1870년 영광 중에 모여든 성도들(387장)
1872년 그러하다! 우리가 그분의 아들과 같이 되리라(247장)

찬송집 신령한 노래에 실린 두 개의 찬송 400장과 452장에서 가져온 "슬픔의 사람" 이란 시는 46절로 된 시다. 그 시는 다비가 캐나다에서 심각한 질병을 앓고 있을 때 지었으며, 그 당시 다비는 자신이 죽는 줄로 알았다. 그는 약해진 상태에서도 일어나, 시를 썼으며, 다시 침대에 누워야만 했다.

1872년부터 1879년 동안 다비는 찬송을 쓰지 않았지만, 1879년부터 1881년까지는 자신의 전체 생애 가운데서 가장 많은 찬송을 썼다. 이때는 상당히 늙긴 했지만, 최고의 찬송가들이 작사되었다. 이 후기 찬송들은 작곡되진 않았지만, 마음에서 우러나오는 대로 작사되었다. 그가 출판업자에게 자신이 지은 찬송모음집을 넘겨주었을 때, "이 가운데 하나만 출판될 겁니다. 모두 좋지만, 전부 작곡되진 않을 겁니다. 어쩌면 한 곡 정도만 실릴 겁니다."라는 말을 들었다고 했다. 이 찬송모음집 가운데 마지막에 지은 찬송, 12곡이 실렸고, 8곡은 1879-80년 지은 것이고, 4곡은 1881년에 지은 것이다. 이 곡들은 다음과 같다.

    1879 우리가 주님을 찬송하나이다(431장)
    1879 곤한 영혼을 위한 안식(169장)
    1879 오, 밝고도 복스런 소망이여!(160장)
    1879 나는 여기서 영광을 기다리나이다
        (이 찬송은 신령한 노래에 실리지 않았음)
    1879 아버지, 당신의 이름이 우리 영혼에 복을 주나이다(25장)
    1879 찬송을 받으실 아버지여! 무한한 은혜에 감사하나이다
        (406장)

1879 거룩하신 아버지의 보살핌에 감사하며(356장)
1880 아버지, 당신의 주권적인 사랑(331장)
1881 우리가 당신의 얼굴을 보리로다(270장)
1881 오 주님, 우리가 당신의 영광을 보나이다(81장)
1881 영광스러운 주님, 우리가 주를 찬송하나이다(235장)
1881 주여, 우리가 당신을 기다리옵니다(440장)

"1879-80년에 지어진 아버지께 올리는 찬송들은 (1856년 위그램 G V Wigram이 개정한) 찬송집에 실렸다. 다비는 예배 곡 가운데 아버지께 올리는 찬송이 부족하다는 생각을 했다. 1881년에 지어진 찬송들은 엄청난 압박과 슬픔의 시기 동안에, 어쩌면 그의 죽음을 촉진시키는 촉매제의 역할을 했을지도 모르는 슬픈 다툼과 분쟁의 시기에 지어졌다."(콘웰E E Cornwall에게서 인용)

의심의 여지없이 다비의 찬송들은 매우 훌륭하다. 그 찬송들은 우리 영혼을 영적으로 고양시키며, 주 예수님과 아버지 하나님을 향해 경외심을 토해내게 한다. 그것들은 예수 안에 있는 진리를 사랑하는 사람들의 마음에 보배롭게 느낄만한 많은 진리를 담고 있다. 또한 찬송을 부르는 사람들의 마음을 "천상의 밝은 장면"으로 끌고 올라가며, 하나님을 신뢰하는 모든 사람들의 마음에 새로운 소망을 품게 해준다. 이 찬송들이 가진 가치는 신자들이 하나님의 아들, 주 예수 그리스도의 이름으로 함께 모여 찬송을 부를 때, 나타나는 무수히 많은 경험들을 통해서 입증된다. 어쩌면 신령한 노래 찬송집은 다비가 지은 찬송을 가장 많이 수록하고 있다고 자랑해도 될 것 같다. 다비의 찬송들은 그 찬송집에 위엄과 깊이와 헌신이란 값진 가치를 더해주고 있다. 그는 적어도 불어로 한 곡을 지었으며, 그 곡은 다르시 챔니D'Arcy Champney에 의해서 번역되었다. 그 찬송의 곡명은 Dans ce desert aride mon chemin est trace; 이 메마른 광야를 지나는 동안 나는 주의 발자취를 따르리All through this desert dry, My path His footsteps trace이다. 다비 찬송의 번역본은 몇 개의 유럽 언어로 존재하고 있긴 하지만, 아쉽게도 오늘날 많이 사용되고 있진 않다.

다비가 지은 찬송가에 대한 다른 사람들의 평가를 살펴보자. 나폴레온 노엘Napoleon Noel은 그가 쓴 「형제단의 역사History of the Brethren」란 책, 52쪽에서 다비의 찬송에 대한 에반R Evans의 평가를 인용했다.

"만일 다비가 아무 책도 쓰지 않고, 찬송가만을 지었다면 교회에게 엄청난 빚을 안겨주었을 것입니다. 그 찬송만큼 예배의 감각을 고조시키고, 그처럼 고결한 생각을 품게 해주는 찬송은 일찍이 존재하지 않았다고 감히 말할 수 있습니다. 특히 아버지 하나님께 올려지는 그의 찬송은 더욱 그러합니다. 그 찬송들은 우리가 아는 그 어느 찬송보다 아버지와 아들 사이에 나누는 최고 수준의 교통에 대해 영감을 불러일으키고자 매우 정교하게 작사되었습니다. 그는 분명, 그리스도께서 교회에 주신 최고최상의 선물임이 분명합니다."

로이 코아드Roy Coad란 사람은 「형제단 운동의 역사A history of the Brethren movement」란 책을 썼다. 그는 다비를 심하게 비판하는 사람이었는데, 그의 책에서 몇 개의 문장을 인용하고자 한다.

"뜻밖에도 다비는 형제단 찬송가 작가들 가운데 최고였습니다. 그가 지은 찬송들 대부분은 경건한 삶을 함양시켜주는 시 devotional poetry로 분류될 것입니다. 사람을 숨 막히게 하는 그의 영국인 스타일은 그가 지은 찬송 속엔 나타나 있지 않습니다. 그토록 좋은 점과 그토록 나쁜 점이 함께 어우러진 그 사람 속에 용솟음쳤던 열망 속에 우리는 우리 자신도 모르게 빠져드는 것을 느낍니다. 그가 지은 찬송들은 그의 사고의 강점과 약점을 모두 보여줄 만큼 풍성한 열망을 담고 있습니다. 깊은 개인적 경건성과 자아를 포기하고서 온전히 하나님께 바쳐진 헌신, 이생의 삶을 포기하고 그저 다른 세계에 몰입된 모습, 그리고 바벨론의 여러 강변에서 수금을 걸어놓은 채 세상쾌락으로부터 단절한 듯한 시인의 영성이 함께 어우러져 있습니다. 격변하는 영혼을 가진 이 사람 속에는 끊임없이 안식을 갈구하는 깊은 열망이 있습니다. 1837년 처음으로 스위스를 방문했을 때, 그는 최고의 시들 가운데 하나를 지었습니다. 그 시는 뉴먼 추기경이 4년 전에 지은 Lead kindly light이란 시와 자주 비교되었습니다. 그러한 비교는 결코 다비의 약점으로 작용하지 않았습니다."

코아드는 다비가 지은 슬픔의 사람Man of Sorrows이란 시를 매우 아름답고 정교한 시로 극찬했다.

"다비의 눈은, 끊임없이 이 생의 삶에서 돌이켜 천상의 삶을 바라보았습니다. 그가 바라본 천상의 비전 속에는, 그 주제에 대한 보통 찬송가들이 오히려 천상의 비전을 흐리게 만드는 세상에 대한 넋두리 따윈 없었습니다."

또 다른 다비의 비평가 중 한 사람은 니트비W Blair Neatby인데, 그는 「형제단의 운동의 역사A History of the Brethren Movement」란 책 333-334쪽에서 이렇게 말했다.

"다비는 실로 위대했습니다. 다비의 마음은 어쩌면 그가 지은 찬송들을 통해서 깊이 있게 그리고 효율적으로 연마된지 모르겠습니다. 그 찬송들은 연구를 필요로 합니다. 피상적으로 읽어보는 것은 아무 의미가 없습니다. 나는 그저 몇 구절을 소개하는 일을 하고 싶지 않습니다. 왜냐하면 다비의 찬송은 전체적으로 연구되어야 하기 때문입니다." (68)

위에 있는 성도의 안식Rest of the saints above이란 찬송의 마지막 연을 감상해보자.

"하나님과 어린양이 거기서
빛과 성전이 되시리라.
빛을 입은 천상의 존재들이
밝히 드러난 비밀을 노래하리라."

---

68) 이 중차대한 시점에서 니트비는 다비가 지은 찬송가라며, 그 중 가사 한 줄을 인용했다. 그는 이 점에서 잘못을 저질렀다. 그가 인용한 가사는 사실은 윌리암 켈리가 지은 것이었다. 다른 것들과 더불어 이 실수는 니트비의 신뢰성에 문제를 일으키는 것으로 작용했다. 그는 자신이 몸담았던 형제단 운동에 속한 신령한 사람들의 반대편에 서서, 공정하지 못한 비평가의 역할을 자처하다가, 나중에는 등을 돌렸다. 니트비는 퀘이커Quakers에게로 갔고, 그곳에서 삶을 마감했다.

**부록 5.**
**다비의 성경번역 작업**

*신약성경으로 불리는 사복음서, 사도행전, 서신서들과 요한계시록: 그리스 원어의 개정본에서 번역한 새로운 번역본.* G. Morrish 출판사, 런던, 1867년. 1872년 제2판 인쇄. 1884년 제3판 인쇄.

존 넬슨 다비는 자신이 속한 교회가 절망적으로 부패했다고 믿기에 이르렀다. 성경을 독자적으로 연구한 결과, 그리스도인이라면 부패한 기독교 단체를 떠나야 할 의무가 있다는 믿음에 도달하게 되었다. 그래서 그는 성직자의 직분을 사임했고, 더블린에서 자신의 견해에 일치하는 사람들과 더불어 '형제단 모임'을 시작했다. 왜냐하면 그는 결혼하지 않았고 또 엄청난 재산을 상속했기 때문에, 그는 월급을 받을 필요가 없었기 때문이었다. 더블린에서 그는 벤자민 윌스 뉴턴Benjamin Wills Newton을 만났는데, 그는 다비의 은사를 알아보고, 영국 플리머스에서 동일한 마인드를 가진 사람들 가운데 사역하도록 그를 초청했다. 1832년 경, 다비의 리더십 아래서 하나의 교회가 형성되었다. 이것이 소위 "플리머스 형제단" 운동Plymouth Brethren movement의 시작이었다. 다비는 남은 일생을 이 형제단에 헌신했다. 1837년 그는 유럽에 있는 감리교도들과 침례교도들에게 자신의 가르침을 촉진시키고자 그곳에 갔다. 1840년경 그는 스위스와 프랑스에 몇 개의 교회를 설립했다. 1853년 그는 독일에 가서, 뒤셀도르프, 엘버펠트, 그리고 기타 몇 개의 지역에 교회를 개척했다. 그는 그 당시 출판되고 있던 불어와 독일어로 된 성경이 마음에 들지 않았고, 그래서 독일과 프랑스에 있는 동역자들의 도움을 받아 독일어와 불어 성경의 새로운 버전을 만들었다. 몇몇 독일 동역자들과 함께 그는 "엘버펠더 성경Elberfelder Bible"69)을

---

69) 엘버펠더 성경은 독일어 성경으로, 오랫동안 가장 문자적인 번역본의 자리를 지키고 있다. 루터 성경이 문자 대 문자 번역word-for-word과 해석자의 해석이 담긴 번역interpretive translation이 혼합된 번역본이라면, 엘버펠더 성경은 엄격하게 문자 대 문자 번역으로 번역되었으며, 헬라어 동사에 깔려 있는 시제, 태, 그리고 법을 그대로 반영하고 있는 번역본이다. 엘버펠더 신약성경은, 그 당시 공인본문Textus Receptus가 미확정적인 경우에 사용되고 있었지만, 주로 가능한 본문 비평에 기초하고 있다. 번역을 하도록 동기부여를 한 것은 아마도 포섹J A von Poseck인 듯 하다. 1851년 포섹은 이미 서신서 일부를 번역했고, 이 번역 원고를 검토해주길 바라는 마음에서 영국에 있는 다비에게 보냈다. 1854년 다비가 독일에 갔을 때, 포섹 그리고 칼 브록하우스Carl Brockhaus와 더불어 번역을 하고자 체류를 연장했다. 처음 그들은 서신서만을 번역하고자 했지만, 결국 신약성경 전체를 번역하기로 결단을 내렸다. 과연 누가 어느 부분을 감당했는지 말하긴 어렵다. 전체 신약성경이 1855년 최초로 (브록하우스에 의해서) 출판되었다. 이후로 몇 번에 걸쳐서 재판되었고, (1855-1901년까지 11판이 인쇄되었다) 본문은 더욱 자연스러운 독일어체로 (예를 들자면 분사구가 관용표현을 담은 관계사 절로) 약간 개정되었다. 다비는 아마도 처음 네 번의 개정작업에는 참여한 듯 보이는데, 그것은 그의 죽음 직전에 있었다. 다른 사람들이 개정 작업에 참여했는데, 주로 루돌프 브록하우스Rudolf Brockhaus와 에밀 동게스Emil Donges가 담당했다. 구약성경은 다비, 칼 브록하우스, 그리고 헤르마누스 코렐리우스 부어호브 Hermannus Cornelius Voorhoeve(로테르담에서 온 네덜란드인)가 번역했다. 번역작업은 1869년에 시작했고, 1871년에 마쳤는데, 그 때 전체 성경이 출판되었다. 구약성경은 이후 약간씩 몇 번의 개정작업이 이루어졌다. 엘버펠더 성경은 대규모의 갱신과 개정을 거쳐, 1960년, 1975년, 그리고 1985년에 각각 출간되었으며, 신약성경은 지금은 헬라어 네슬-알란드 판Nestle-Aland editions을 번역한 것이 수록되었다. 1985년에 (루돌프 브록하우스에 의해서) 출판된 개정판 엘버펠더 성경the Revidierte Elberfelder Bibel은 복음주의 프로테스탄트의 번역본이며, 가장 문자적인 독일어 성경번역으로 남아 있다. 개정판 엘버펠더 성경은 각 장의 제목과 난외주에 방대한 관련 구절들을 소개하고 있다.

1999년 이후, 옛날 엘버펠더 성경의 완전한 개정작업이 휩케스바겐의 Christliche Schriftenverbreitung의 후원으로 진행되었다. 그 해에, 신약성경이 진부한 단어와 구절은 제거하고, 번역의 정확성을 기하고자 네슬-알란드의 제27판의 본문과 비교하면서, 현대의 기계적인 본문을 무조건 추종하는 것을 배제시킨, 약간 현대화된 형태로 출간되었다. 2003년에는 전체 성경이 이렇게 개정된 형태로 출간되었다. 번역 팀의 의도는 너무 투박한 용어를 사용하진 말고, 대체로 문자적인 번역이 이루어진 성경 버전을 내놓는 것이었다. 부록에는 히브리어와 헬라어, 그리고 거의 사용하지 않는 독일어 단어들을 설명하고 있으며, 다른 식으로 번역되었던 원문에 있는 중요한 단어들을 명시하고 있다.

출판했으며, 프랑스 동역자들과 함께 "포 성경Pau Bible"을 출판했다.

다비는 영어 성경을 새롭게 번역할 필요를 느끼진 않았다. 왜냐하면 그는 킹 제임스 버전을 훌륭한 번역으로 생각하고 있었기 때문이었고, 또 자신을 따르는 사람들에게 킹 제임스 버전을 계속 사용하도록 격려했기 때문이다. 하지만 성경을 연구하는 데에는 신약성경을 더욱 문자적으로 번역한 영어 버전이 필요하다는 결론을 내리게 되었다. 이 신약성경은 1865년 마태복음을 시작으로 처음엔 부분적으로 출판되었지만, 1867년 신약성경이 완성되었다. 다비역은, 그리스 원전에 대한 현대 비평 본문modern critical editions of the Greek text을 반영한 매우 문자적인 번역본이며, 풍성한 본문 비평과 언어학적인 주석과 설명이 수록되어 있다. 주석과 설명들은 단연코 모든 것을 망라하고 있으며, 영어 버전으로선 가장 상세한 내용들을 담고 있다. 1881년 영어 개역 버전에 참여했던 번역자들은 이 다비역을 참조했다. (브루스F F Bruce가 쓴 영어 성경의 역사History of the Bible in English란 책을 보라. 제3판, 132쪽, 1978년 발행.)

1882년 다비의 사후, 영국에 있는 다비의 제자들 가운데 한 사람이 다비의 불어와 독일어 번역 성경에 기초해서 구약성경을 영어로 번역해서 출판했다. 1890년 구약을 포함한 전체 성경이 출판되었다. 이것이 「J N 다비에 의해서 원어에서 번역된 새 번역 성경A New Translation form the Original Languages by J N Darby」,(G Morrish 출판사, 1890년 발행)이다. 나중에 요약된 주석을 첨부한 성경이 1939년에 Stow Hill Bible and Tract Depot에서 출판되었고, 1961년에는 Bible

Truth Publishers에 의해서 재출간되었다. 1890년에 출판된 Morrish 판은 (요약되지 않은 주석과 함께) 1983년에 (일리노이 주, 애디슨에 소재하고 있는) Bible Truth Publishers에 의해서 재출간되었다.

## 신약성경 제2판 개정판 서문(1871년)

초판에는 신약성경 가운데 몇 가지만 따로 따로 출판되었으며, (같은 교회에 보내는 두 개의 서신이 있는 경우에는 함께 출판되었고) 다른 것들 보다 더 많은 관심을 받은 몇 개의 신약성경은 재출간되었는데, 금방 소진되곤 했다. 이제 신약성경 전권을 수록한 제2판을 좀 더 보기 좋은 형태로 새로이 편집을 해서 출판하고자 한다.

나는 학술적인 작품을 내려는 뜻이 없었다. 하지만 내가 여러 책들과 다양한 정보의 출처들을 연구해보니, 많은 성경학도들에게 하나님의 말씀이 동일하게 보배로운 것이 되어야 함에도, 그렇지 못하다는 것을 발견하게 되었다. 그래서 나는 가능한 나의 연구의 열매로써, 내가 모은 풍성한 자료들을 그들에게 제공하길 바라는 마음이 생겼고, 그 결과 그들은 가능한 자신들의 언어로 하나님의 말씀을 온전히 표현하고 있는, 영어로 된 하나님의 말씀을 소유하길 바랬다.

초판에서 나는 공인본문Textus Receptus의 토대가 되었다고 인정을 받고 있는 한 독일어 교본과 대부분 편집비평가로서 인정을 받고 있는 그리스바흐Griesbach, 라흐만Lachmann, 티셴도르프

Tischendorf와 기타 몇 명 등이 채택하고 있는 다양한 독법 모음집a collection of the various readings을 참조했다. 하지만 공인 본문은 그 본문이 자주 변경되었고, 해서 나는 이러한 몇 가지 변화를 무시하기로 했다. 나의 계획은, 주요한 비평가들이 동의하는 선에서 그들의 독법을 채택하고, 나의 번역본에 그 변화를 반영하지 않도록 하는 것이었다. 나의 목적은 더 정확한 번역본을 얻는 것이었다. 모든 총명한 비평가들이 사본 상의 실수라고 주장하는 것을 번역하는 것은 아무 의미가 없었다. 주지한 바와 같이 공인본문은 실제 권위를 인정받지 못했고, 거기서 나온 영어 번역본도 없었다. 다만 몇 년 정도 앞선 초기 번역본에 불과했다. 비평가들은 대부분 표준 본문을 초기 판본들에 약간의 이형variations을 포함하여 다시 출간한 재판reprint으로 보았다. 초기 헬라어 판본 가운데에는 1550년 스테파누스Stephanus 헬라어 신약성경이 가장 유명하다. 이외에 에라스무스Erasmus 성경과 베자Beza 성경이 있다. 에라스무스 성경이 먼저 출간되었다. 콤플루툼 대조성경Complutensian Polyglot이 처음 인쇄되었고, 이어서 스테파누스 신약성경이, 그리고 나서 베자 성경이 인쇄되었다. 엘지비어Elzevirs 성경은 한 세기가 지난 후에야 나왔다. 그리고 그들의 서문에 사용된 "textus ab omnibus receptus"란 표현 가운데 'textus receptus' 또는 received text란 표현이 그대로 성경 이름이 되었다. 따라서 권위역The Authorised Version은 주로 스테파누스 또는 베자 성경의 원문을 주로 번역한 것이다. 이러한 내용에 호기심을 가진 독자는 스크리브너Scrivener가 쓴 신약성경 비평입문이란 책의 서문 전체를 읽어보거나 아니면 다른 입문서들을 참고하길 바란다. 그리고 나서 옥스퍼드의 펠Fell이 쓴 책을 시작으로, 다양한 본문 비평서들을 참고하라. 밀Mill, 벵겔Bengel, 웨스타인

Westein, 그리스바흐Griesbach, 마테이Matthei, 라흐만Lachmann, 숄츠Scholz, 티셴도르프Tischendorf, 그리고 최근 인물로 트레겔레스Tregelles가 쓴 책을 참고하라. 나는 여기서 비평의 유명 인사들의 이름만 거론했다. 이외에도 유명한 주석가들에는 마이어Meyer, 드 베테De Wette, 그리고 알포드Alford가 있다.

초판에서 나의 번역은 그리스바흐, 라흐만, 숄츠, 그리고 티셴도르프 등과 동일한 목소리를 내었다. 우선적으로 냉철한 판단과 비평 감각 그리고 분별력을 최우선적으로 생각했다. 그 다음엔 가장 초기 사본MSS만을 수용하는 엄격성을 고수하면서, 하나 또는 두 개 정도의 사본만을 참고했다. 세 번째로 과도하게 조심성 없이 인쇄되었어도, 대부분 콘스탄티노폴리탄 MSS를 하나의 규칙처럼 사용했는가를 고려했다. 마지막으로 최고 수준의 전문성과 성실한 연구를 통해서, 처음엔 다소 급진적인 변화를 보였지만, 그 다음 판에서는 처음에 무시했던 것을 더욱 세밀하게 보완했다. 그들도 동의했지만, 그들 모두가 거절했던 것은 사본상 단순한 실수였음이 분명해졌다. 영국의 한 강의실에서 숄츠는 자신의 체계를 버렸고, 새로운 판에선 자신이 거부했던 알렉산드리안 독법Alexandrian readings을 채택하겠노라고 밝혔다. 트레겔레스가 그것을 하나의 확정된 규칙으로 제시한 후부터는, 그런 것이 일반적인 관행이 되었다.

네 명의 위대한 현대 본문 비평가들의 분별 위에 번역이 이루어졌던 나의 초판 새번역 성경이 출판된 이후, 수용 본문에는 아무런 변화도 없었고, 다만 참 독법이 어디에 있는가에 대한 논쟁이 이루어지는 가운데, 시나이 사본Sinaitic MS이 발견되었다. 바티칸Vatican

성경이 출간되었고, 티센도르프의 the Monumenta Sacra Inedita에 사도행전과 바울 서신, 그리고 대부분 일반 서신서들과 요한계시록과 기타 성경을 수록한 포피리Porphyry 성경이 출간되었다. 이러한 것들은 알포드와 마이어, (본문 검증을 거치지 않은 상태에서) 그리고 드 베테의 것과 함께 대부분 새로운 재료들을 담고 있었다. 나의 제2판이 완성되었긴 했지만, 아직 인쇄되지 않은 상태에서 트레겔레스의 것이 전체적으로 출간되었다.

이 모두는 더 많은 수고를 필요로 했다. 나는 숄츠를 상당 부분 배제했다. (그의 작품은 신중한 것으로 보기 어려웠다.) 대신 티센도르프의 제 7판과 알포드, 마이어, 드 베테를 수용했다. 나는 모든 의심스러운 부분을 시나이 사본the Sinaitic, 바티칸 사본Vatican, 더블린 사본Dublin, 알렉산드리안 사본Alexandiran, 코덱스 베자Codex Beza, 코덱스 에프라임Codex Ephraemi, 세인트 갈 사본St. Gall, 클라로몬타너스 사본Claromontanus, 사도행전은 헤르네스 라우드 사본 Hearne's Laud, 대부분은 포피리 사본Porphyry, 벌게이트 역본Vulgate, 사바티에Sabatier와 비안치니Bianchini에 수록된 옛 라틴어 사본과 비교했다. 나머지는 시리아 역본the Syriac을 참고했다. 그래서 내가 남겨두었거나 삽입한 단어와 문장은 모두 시리아 역본에서 가져왔다. 나는 시리아 학파는 아니지만, 그것이 더 정확하다고 생각했다. 누가복음은 자킨티우스 사본Zacynthius을 참고했는데, 자킨티우스 사본은 가끔 스테파누스, 베자, 에라스무스의 주석을 소개하고 있다. 그런 작품에는 개인적으로 사본들을 일일이 참고하는 수고를 아끼지 않음으로써, 거기에 참여한 사람들만 알 수 있는 헌신적인 수고가 배어있기 마련이다.

번역하는 과정에서 바뀐 것은 거의 없다. 몇 개의 본문은 더 분명해졌고, 인간의 연약함 때문에 생긴 약간의 정확하지 않은 부분들은 수정되었다. 헬라어는 동일하지만 가끔 단어와 구의 불일치성이 허용되었다. 번역하는 과정에서, 나는 기쁨을 느낄 수 있었다. 이 일은 나에게 말씀과 하나님의 마음을 더욱 정확하게 알게 해주었기 때문이다. 본문 비평을 상세히 다루는 과정에 많은 수고가 들어갔긴 해도, 영적인 꿀은 별로 얻을 수 없었다. 그럼에도 나는 그리스도인들이 그에 대한 열매를 얻을 것이며, 이를 통해서 좀 더 정확한 말씀의 의미를 깨달을 수 있을 것으로 믿고 있다.

내가 거명했던 편집자들은 시나이 사본이나 포피리 사본 Porphyrian MSS를 사용하지 않았기 때문에, 과연 이러한 권위자들이 현안에 많은 영향을 줄 것인지, 또는 문제가 될 만한 곳에서 내가 어느 쪽도 결정하지 못하고 있을 때 과연 그들이 문제 해결을 해줄 수 있는지를 결정해야만 했다.

나는 이제 이러한 권위자들에 대해 몇 마디 하고자 한다. 본문의 일반적인 확실성에 대해 생각해보면, 이 모든 연구는 그 사실만을 입증할 뿐이었다. 성직자들의 간섭은 문제시 되는 독법의 원인이 되어 왔다. 부분적으론 고의적이고, 부분적으론 무지에서 비롯된 것이다. 사복음서를 통일시키려는 시도는 고의적인 부분이다. 그리고 본문에서 성직자의 봉사를 끌어내는 것은 더욱 무지에 속한 부분이다. 예를 들자면, '예수'가 들어가는 자리에, 대신 '그가' 라는 단어를 넣음으로써 성직자의 역할을 창출해내는 것이다. 이런 일은 처음에 '그'는 아무 의미도 없었다. 그리고 나중에 사본을 필사하는 사람들에 의해서 본문에 '예수'란 단어가 다시 삽입된다. 누가복음에 있는 주의 기도문을 마태복음에 있는 것과 같게 만드는 것은 또 다른 사례다. 만일 우리가 알포드와 대부분 편집자들을 믿어야 한다면, 시나이 사본과 바티칸 사본, 그리고 몇 개의 사본에 나오는 '장자first-born'란 단어를 제거해야 한다. (나는 이에 대해 이것이 가장 오래된 사본MSS에 영향을 주기 때문임을 설명했다.) 왜냐하면 마치 우리 주님의 모친에겐 다른 자녀들이 있는 것처럼 보이기 때문이다. 그런 예들이 몇 개 있다. 다른 사본MSS과 번역본들은, 약간 주의를 기울이면, 이런 경우의 실제적인 상황을 명확히 해준다. 하지만 이런 문제들에서 완전히 벗어날 만큼 초기에 해당하는 사본은 없다. 그렇다면 적절한 비교와 내적 증거를 저울질해보지도 않고, 그저 가장 오래된 사본만을 권위로 삼는 시스템은 필연적으로 실패할 수밖에 없다. 추측만으론 신뢰받을 수 없다. 확실한 증거를 여러 가지 사실로서 저울질해보는 것은 어림짐작하는 것과는 차원이 다르다.

세 가지 중요하게 다루어야 할 문제는 디모데전서 3장 16절, 요한복음 8장 초반부, 그리고 마가복음 16장의 마지막 몇 개의 구절들이다. 초판에서 나는, 많은 비평가들이 그 문제에 대해서 충분한 논문을 썼기 때문에 아무 판단을 하지 않는다고 선언했다. 요한복음 8장 초반부에 대해서, 나는 그 진위성을 의심하지 않는다. 어거스틴은 우리에게 그것이 다소 신뢰하기 힘든 사본에는 누락되어 있다고 말한다. 왜냐하면 도덕성에 해롭다는 생각 때문이었다. 그 뿐 아니라, 본문을 검토해보는 과정에서 나는 옛 라틴어의 최고의 사본 가운데 하나에서, 2페이지 가량이 찢겨나간 것을 발견했다. 본문이 본래 그 자리에 있었는데, 그 본문의 앞부분과 뒷부분이 유실되었던 것이다. 마가복음의 마지막 부분이 서로 다른 형태의 본문을 이어놓은 것 같은 이유에 대해서, 나는 우리가 사복음서에서 주님의 생애에 대한 두 가지 별개의 결말을 가지고 있기 때문이라는 점을 언급하고 싶다. 주님이 갈릴리에서 제자들에게 나타나신 일은 마태복음과 연결되어 있으며, 마태복음엔 주의 승천에 대한 언급이 전혀 없다. 이는 마태복음의 전반적인 특징을 부여한다. 그리고 베다니에선 주께서 승천하신 일이 기록되어 있는데, 이는 누가복음의 특징을 이룬다. 마태복음은 유대인의 남은 자들이 땅 끝까지 이방인들에게 복음 메시지를 전달하는 것이, 누가복음은 하늘에서 오신 성령의 메시지가 예루살렘에서 시작하여 온 세상으로 전파되는 것이 주요한 특징이다. 하나는 메시아적 소망이, 다른 하나는 하늘에 속한 소망이 주요 내용이다. 이제 마가복음을 보자. 마가복음 16장 1-8절은 마태복음의 마지막 장의 스토리를 제공한다. 9절부터 베다니 사건과 승천 장면, 그리고 몇 가지 사실들이 누가복음과 요한복음의 스토리를 제공한다. 이는 다른 부분이며, 일종의 부록이다.

나는 공인본문the Textus Receptus이 에라스무스 헬라어 성경과는 별개라는 점을 난외주에서 언급했는데, 요한계시록이 없는 에라스무스 헬라어 성경은 허술하고 또 불완전하기 짝이 없는 사본에서 번역되었다. 에라스무스 성경은 하나의 주석서가 첨부되었으나, 한 필사자에 의해서 따로 분리되었다. 에라스무스는 벌게이트 성경의 잘못된 부분을 교정하는 일을 했으며, 벌게이트 성경에 없는 부분은 짐작해서 번역했다. 이 사실을 인용하는 곳은 많지 않았다.

어느 비평가도 사본 현상을 실제로 설명한 일은 없었던 것으로 보인다. 우리는 지금 방대한 사본들을 가지게 되었는데, 어떤 것은 너무 오래 되었고, 어떤 것은 상대적으로 현대에 속한 것이다. 하지만 시나이Sinaitic 사본과 바티칸Vatican 사본처럼 매우 오래된 것은 성직자의 손을 탄 흔적이 보인다. 그렇다고 해서 심각한 변질이 이루어진 것으로 보이진 않는다. 왜냐하면 그런 일은 쉽게 알아볼 수 있고 또 교정이 가능하기 때문이다. 따라서 그것은 그리 큰 문제는 아니다. 다만 쉽게 알아볼 수 있다면, 그것을 입증할 필요가 있다. 모든 연구를 마친 후, 부정할 수 없는 것은, 별개의 독법을 주장하는 두 개의 학파가 존재한다는 사실이다. 같은 사본도 학파에 따라서 다른 부분으로 취급될 수 있다는 뜻이다. 따라서 그리스바흐는 알렉산드리아 사본(약자로 A)는 기존 성경 이름을 사용하면서 사복음서는 콘스탄티노폴리탄을, 서신서는 알렉산드리안을 사용하고 있다는 말을 했다. 이에 나는 포피리 사본(약자로 P)에서, 사도행전 여섯 개 또는 여덟 개의 장이 공인본문과 일치하고 있는 것을 발견했는데, 이후론 거의 참고하질 않았고, 바울 서신서들도 마찬가지였다. 여전히 두 개의 학파가 있다. 그 가운데 하나인 시나이 사본(약자로 א), 바티칸 사본(약자로 B), 그리고 더블린 사본(약자로 Z)은 가장 완벽한 예들examples이다. 이 사본들은 각자 개별적인 차이점이 있긴 하지만, 주류를 형성하고 있다. 나는 이것을 한 순간도 의심해본 적이 없다. 이 가운데 약자로 Z로 표기되는 더블린 사본은 가장 정확한 사본이다. 나는 필사하는 과정에서 실수가 있었다는 점을 언급했다. 사본으로서 바티칸 사본은 시나이 사본보다 낫긴 하지만, 바티칸 사본이 정확한 사본이라는 뜻은 아니다. 하지만 바티칸 사본의 요한계시록은 전혀 다르다. 우리가 소유한 가장 오래된 사본이면서 우리에게 전체 신약성경을 주었다는 점에서 가치가 있다. 로마제국이 기독교를 공인하고 또 디오클레티아누스 황제가 자신이 구할 수 있는 모든 성경사본들을 없애버린 이후, 이때까지 우리는 아무 것도 가지고 있지 않았다는 점을 기억해야 한다. 이 알렉산드리아 본문은 소위, 현존하는 헬라어 사본 가운데 가장 오래된 것이다. 알렉산드리아 사본(약자로 A)은 알렉산드리아 본문과 일치하지 않는다. 하지만 만일 스크리브너를 신뢰할 수 있다면, 페쉬토 시리아Peschito Syriac 신약성경은 B보다는 A와 더 일치한다. 알렉산드리아 사본은 현존하는 가장 오래된 사본이며, 우리가 가지고 있는 어느 사본보다 무려 200년이나 앞선다. 1세기 끝이나 아니면 2세기를 시작하는 시기에 만들어졌을 것이다. 이 점은 오래된 라틴어 사본과는 상황이 또 다르다. 알렉산드리아 사본에 대해선 그렇게 말할 수 없지만, 어쨌든 라틴어 사본은 알렉산드리아 사본에 근접해있다. 바로 여기에 하나의 현상이 있다. 고대 사본 가운데 브릭시아누스Brixianus는 공인본문과 일치한다. 나는 하나의 예외가 있음을 발견했다. 이 차이는 어디서 온 것일까? 벌게이트 성경은 알렉산드리아 본문을 항상 따르고 있진 않지만, 상당 부분 일치한다. 따라서 우리는 사본들을 이렇게 분류할 수 있다. 즉 ℵ, B, Z, L이다. L은 상당히 반복해서 B를 따르고 있다. 이제 우리는 A와 그리 오래되지는 않았지만 언셜체(4-8세기의 둥근 대문자 필사체)로 된 긴 리스트를 가지게 되었다. 이제 알포드의 헬라어 신약성경을 살펴보면, 당신은 'A, &c.' 를 보게 된다. 약 6세기 경에 만들어진 사본들이 또 다른 부류를 형성하는데, Z가 여기에 해당되며, C는 별개의 그룹을 이루고, P는 주로 서신서들에서 알렉산드리아 사본을 따르며, 흔하진 않지만 T R과 A를 따르는 경향을 보이기도 한다. 사도행전에선, 내가 조사해본 결과, T R ⊿, 또는 St. Gall을 따르며, 자주 T R을 추종하지만, 많은 점에서 독립적인 특징을 가지고 있다. 만일 사복음서에서 A와 B가 일치하고 있다면, 우리는 웬만하면, 다른 증거들을 충분히 살폈다는 가정 하에, 그 독법을 확신해도 좋을 것이다. D는 알렉산드리아 사본과 많이 일치하고 있지만, 독특한 특징이 있다. 나에게 그 결과는, 전체 본문에 대해서 불확실한 것은 전혀 없으며, 몇 가지 경우엔 의심이 일어나긴 하지만, 사본의 역사를 통해선 확인할 길이 없다는 것이다. 나는 아무 결론도 내리지 않는다는 것과 어느 누구도 역사 속에서 어느 사본이 원본과 100% 일치하고 있다고 확정적으로 말할 수 없다는 점을 자신 있게 말하고 싶다. 사본 현상은 해결할 수 없는 문제다.

본문 비평과 사본에 대해 상당히 많은 부분을 언급했다. 이 일에 정통하지 않은 사람들은 이 모든 문제들에 대한 실제적인 지식이 없는 상태에서 결론을 내는 것을 시도하지 않을 것이다. 티셴도르프의 영어 신약성경과 같은 책은, 내 생각엔 해롭다. 당신은 그 영어성경을 보면서 끊임없이 의문을 제기하게 될 것이며, ℵ, B, A의 아래쪽에는 그러한 것들에 대해서 아무것도 모르는 사람들이 본문에 대해서 의심하는 내용을 보게 될 것이다. 그것이 전부다. 더 이상 말할 것이 없지만, A의 서신서 독법은 복음서 독법과는 중요도에 있어서 많은 차이가 있다. 그래서 모든 것이 불확실하게 되었다. 이 대부분의 경우에, 티셴도르프는 자신이 참된 독법을 하고 있다고 한순간도 의심하지 않지만, 그럼에도 이것은 사람들로 하여금 모든 것을 의심하게 만든다. 나는 최고 권위자들이 조사한 바를 따랐지만, 그럼에도 약간의 차이점은 존재했다. 당신은 한쪽엔 ℵ, B,

L 또는 B, L 그리고 다른 쪽엔 A, &c를 가지고 있다. 고백하건데, 나는 B, L이 옳다는 절대적인 확신을 가지고 있진 않다.

　다음으로 독자는 권위역the Authorised Version의 개정판을 가지고 있지 않을 것이다. 하지만 내가 가진 최선의 지식을 통해서 볼 때, 권위역은 최고의 헬라어 본문에서 번역된 성경이다. 나는 권위역의 무수히 많은 구절들이 새 번역본에 그대로 반영되어 있음을 확언하고 싶다. 우리 마음이 익숙한 것을 자연스럽게 받아들이는 것처럼, 새 번역본도 가능한 자연스럽게 받아들일 수 있도록 했다. 내겐 그렇게 하지 않을 이유가 없었다. 하지만 성직자들이 따로 사용할 용도로 권위역의 개정판을 내는 것은, (내 판단으론) 지혜로운 생각이 아니다. 오히려 나는 권위역을 개정하려는 의도가 무엇인지 의심스럽다. 새것이 옛것만 못할 뿐만 아니라 나란히 놓고 보면 얼마나 형편없는지를 볼 수 있다. 모조품은 좋은 맛을 낼 수 없다. 그럼에도 우리는 이것을 쉽게 알아보지 못할 수도 있다. 모조품엔 본질적인 부분이 부족하며, 따라서 이런 점에서 본질은 좋은 맛이며, (사람의 마음을) 끌어당기는 힘이 있다.

　나는 필요한 모든 도움을 활용했다. 문법책과 사전 등은 언급하지 않았지만, 모든 책에 활용가능한 일반적인 것을 사용했다. 나는 마이어Meyer를 사용했으나, 그의 후속작은 매우 열악했다. 그 외 나머지 부분은 알포드Alford의 것을 사용했다. 알포드 뿐만 아니라 드베테의 것도 참고했다. 엘리엇의 것은 매우 훌륭했다. 키프케의 것 또한 매우 유용했다. 나는 헬라어 본문 석의for the exegesis of the text as Greek를 하는데 그것들을 사용했으며, 어느 경우에도 교리적인 해석은 참고하지 않았다. 프리체Fritzsche의 것은 문법적으로 풍성한 예화를 제공했다. 블릭Bleek이 쓴 히브리서에 대한 책은 공부하는데 힘이 많이 들었다. 델리츠Delitzsch와 다른 사람들의 책을 가끔 참조했다. 역사를 다룬 책들 가운데 쿠이오엘Kuinnoel의 책이 있다. 하지만 매우 가치 있는 책은 찾지 못했다. 칼빈의 책도 기대만큼 수준이 높지 않았다. 벵겔Bengel, 해먼드Hammond, 엘슬리Elsley가 있고, 월프Wolff와 기타 독일 저자들이 있다. 그리고 스탠리Stanely, 조벳Jowett, 이디Eadie 등이 있다. 후자를 참고하긴 했지만, 여러 번 참고할 정도는 아니었음을 고백한다. 내가 추구했던 것은 본문 자체에 대한 연구였지, 그들의 견해를 참고하고자 했던 것은 아니었다. 푸울Poole의 개요와 블룸필드Bloomfield는 옛날 주석가들에게 요긴했던 책들이다.

번역본 중에, 디오다티Diodati의 이탈리아 성경은 오래된 성경 가운데 최고이며, 그 다음이 네덜란드어 성경이고, 그 다음이 영어 성경이다. 벵겔의 독일어 성경은 매우 훌륭하고, 비록 그들의 교리로 오염되어 있긴 하지만, 매우 문자적인 번역본으로 벌리버거Berleburger 성경으로 불리는 것이 있다. 기타 번역본들에는 Kistemaker, Gossner, Van Ess 등이 있는데, 모두 로마 가톨릭 성경이다. 마이어의 루터 성경, 피스카토르의 스위스 성경이 있는데, 이 피스카토르 성경은 루터 성경보다 더 낫다. 이 두 개의 성경을 독일어로 번역된 성경으로 언급하긴 했지만, 나는 지금은 거의 사용하고 있지 않다. 프랑스어로 번역된 성경 가운데, 디오다티 번역본은 문자적으로 번역되었긴 해도, 프랑스어 성경 같지가 않다. 마틴Martin과 오스터발드Ostervald 번역본은 신뢰성이 떨어진다. 아르노

Arnaud 번역본은 전혀 아니라고 말하고 싶다. 루터의 번역본은 내가 아는 한, 가장 부정확한 번역본이다. 이 외에, 라틴어 번역본인 벌게이트Vulgate 성경과 베자Beza 성경이 있다. 드 베테의 독일어 성경은 문체가 우아하긴 해도, 조동사를 과도하게 배제시키고 있는데, 그 점이 독일어에 영향을 미쳤다. 구약성경을 보면, 그는 훌륭한 히브리어 학자이긴 하지만 합리적인 원칙을 결여하고 있다. 그의 이사야서는 게제니우스Gesenious의 것이다.

나는 내가 활용할 수 있는 모든 도움을 받긴 했지만, 번역은 어느 누구의 것도 참고하지 않았다. 새 번역은 순전히 나의 번역이며, 정확성을 기하기 위해서 모든 확인과 점검을 거쳤다. 나는 성경이 영감된 하나님의 말씀인 것을 믿는다. 즉 성령을 통해서 받았고, 하나님께 감사하게도 비록 죽을 수밖에 없는 인간을 도구로 사용했지만, 그럼에도 성령의 능력에 의해서 (우리에게) 전달된 하나님의 말씀인 것이다. 성경은 인간의 작품이면서 전적으로 하나님의 작품이며 또한 찬송 받으실 주님을 계시하는 책으로서, 단 한 순간도 신적인 특징을 멈춘 적이 없는 신성한 책이다. 이러한 것이 말로 표현할 수 없는 성경의 가치인 것이다. 전적으로 그리고 절대적으로 신성하기에, "성령께서 가르치시는 말씀"이면서, 여전히 인간적인 요소도 있기에 사람에게 온전히 그리고 신성하게 적합하다. 새 번역 성경을 번역한 나의 의도는 순전히 영어를 사용하는 독자들에게, 가능한 원어에 가깝게 말씀을 제시하려는 것이었다. 공적인 사용을 위해 새로운 버전을 만드는 사람들은 물론 공적인 목적에 맞게 그리 하면 된다. 나의 목적은 그런 것이 아니라, 다만 원어를 읽을 수 없는 성경학도들에게, 가능한 원어에 가까운 영어 번역본을 제공하는 것이었다.

[서문은 계속해서 번역본에 대한 상세한 설명으로 이어진다.]

## 부록 6.
## 케리의 목자 소년 이야기

케리의 목자 소년 이야기the Kerry Shepherd Boy가 다비가 경험한 이야기인 것을 확인하는 일은 그리 어렵지 않다. 원래 이 이야기는 기독교 전도 협회에서 저자 미상으로 발간되었다. 어느 소책자에는 "존 넬슨 다비의 초기 생애에 일어난 사건" 이란 제목이 붙어 있는 것도 있으며, 장소를 캘러리Calary로 소개하기도 하지만 본래 케리 Kerry가 맞다. 이 이야기는 다비가 그곳에 성직자로 있을 때 일어난 이야기인 듯하다. 다비가 리머릭을 여행하고 있을 때, 그때가 1828년 이후나 아니면 1830년 2월 이전에 일어난 일이다. 전체 이야기는 아일랜드 게일 지역에서 일어난 일로, 그 당시 아일랜드 사람들은 "마귀조차도 아일랜드에선 거짓말을 하지 않는다" 는 미신적인 믿음을 가지고 있었다. 케리는 게일어Gaelic를 사용하는 지역이었다. 이 당시 다비는 영적 해방을 경험한 이후였고, 내적인 평안과 구원의 충만한 확신을 누리고 있었다.

2월의 어느 추운 날 저녁, 다비는 문을 두드리는 소리 때문에 일에 방해를 받았다. 그가 알지도 못하고 또 본 적도 없는 한 초라한 남자가 그를 만나러 온 것이다. 그 남자는 이렇게 늦은 시간에 찾아온 것에 용서를 구하고, 병이 난 아들이 있다고 설명했다. 그는 아들이 죽을 것 같다고 걱정을 하면서 다비에게 아들을 보러 와달라고 부탁을 했다. 다비는 기꺼이 일어나, 그를 따라 갔다.

다비는 그 때 일을 이렇게 기록했다.

"한 시간 정도 힘들게 걸어 올라가서 (실은 가파른 언덕들이었고 때로는 거의 지나가기 힘들 정도의 무성한 늪지들도 있었다) 작은 오두막집으로 들어가서 주위를 둘러보았을 때, 처음에 나는 목탄 잿불 앞에 웅크리고 있는 한 할머니 외에는 사람을 찾아볼 수 없었습니다. 내가 들어가자 할머니는 일어나서 아일랜드의 가난한 사람들의 꾸밈없는 예의로 자신이 앉아 있던 의자, 아니 의자라기 보다는 걸상을 나에게 내밀어 주었습니다.

할머니에게 감사를 표시한 후, 나는 불쌍한 고통 받는 어린이를 오두막집 구석의 짚더미 위에서 발견했습니다. 아마도 자기가 입던 옷같이 보이는 빈약한 덮개 외에 이 초라한 집에는 침대나 침대보로 생각할 수 있는 것이 없었습니다.

다가가서 보니 17-8세 되어 보이는 소년은 분명히 극도의 고통과 탈진상태에 있었고, 거의 죽음에 가까운 상태에 있었습니다. 그는 눈을 감고 있다가 내가 다가가니까 눈을 뜨면서 마치 놀란 짐승처럼 야성적인 두려움으로 나를 쳐다보았습니다.

나는 가능한 조용하게 내가 누구며 무엇을 하러 왔는지 말해주면서, 그 아이의 구원의 소망에 대해 간단한 몇 마디의 질문을 했습니다. 그 소년은 아무런 대답도 하지 않았습니다. 그는 내가 말하는 의미를 전혀 깨닫지 못하고 있음을 보였습니다. 내가 계속하여 그에게 다정하게 말해도 그는 물끄러미 쳐다보기만 할 뿐이었습니다. 그러다가 나는 그가 더듬 더듬 말하는 몇 마디의 말을 통해서 그가 하나님과 미래의 심판에 대해 들은 적이 있음을 확인했습니다. 그러나 그는 완전히 문맹이었습니다. 그에게 성경은 봉인된 책이었고, 결과적으로 그는 복음에서 우리에게 계시된 구원의 길에 대해 완전히 무지했습니다. 이 문제에 있어 그의 정신은 진실로 완전히 백지상태였습니다.

나는 충격을 받아 당황했고, 거의 절망 상태에 빠지게 되었습니다. 거기 불멸의 한 영혼이 영원의 경계선에 서있고, 구원을 받지 못하면 영원히 잃어버린 바 될 수밖에 없는 한 피조물이 있었습니다. 그때 그가 그런 상태로 내 앞에 누워있었던 것입니다. 죽음의 손길이 그에게 다가오고 있었습니다. 한 순간도 놓칠 수 없는데 나는 무엇을 할 수 있을까요? 최후의 순간이며 마지막 기회이고, 그는 기독교 신앙의 초보일 따름인데, 어떤 방법으로 그를 가르치는 일을 시작해야 할까요?

그때까지 나는 내 안에서 그처럼 무너지는 느낌을 경험한 일이 없었습니다. 나는 모든 걸 다 알고 있었으나, 아무 것도 할 수 없었습니다. 그러나 하나님께서는 모든 일을 하실 수 있는 분이셨습니다. 그래서 나는 나의 마음과 정성을 다해 하늘에 계신 아버지께, 그리스도를 위하여 이 가장 어렵고 힘든 자리에서 나를 인도 주시기를 기도했습니다. 지혜의 성령으로 구원의 기쁜 소식을 전할 수 있는 길을 나에게 열어주셔서, 이 불쌍한 밤길로 접어든 방랑자가 깨달을 수 있게 해주시길 간구했습니다. 나는 마음속으로 기도를 드리는 동안 잠시 침묵을 지키면서 깊은 염려를 가지고 내 앞에 있는 슬픈 대상을 응시했습니다.

나는 구원의 복음을 그에게 설명해주기 시작해야 하는 때에 그의 지성이 어느 정도인지, 또한 그가 나의 말을 이해할 가능성이 있는지를 알아내야 한다는 사실에 기가 막혔습니다. 나는 진정 그의 처지를 동정하는 마음으로 또 연민의 눈으로 그를 내려다보았는데, 그 애는 그 동정의 눈길을 느끼는 것 같았습니다. 왜냐하면 내가 "가엽기도 해라. 얼마나 괴로울까!"라고 말하자, 그는 약한 목소리로 대답하는 것이었습니다.

"네. 심한 감기에 걸렸어요. 기침을 너무해 숨이 막히는 것 같았어요."

"기침을 오래 했니?" 내가 물었습니다.

"네 그래요. 오래 했어요. 한 일년 정도…"

"어쩌다 감기에 걸렸는데? 케리의 소년들은 강하게 자라나서 이 차가운 공기에 익숙한 것으로 알고 있는데."

"네. 저도 그 무서운 밤까지는 그랬어요. 작년 이맘때일 거예요. 우리 양떼 중의 한 마리가 길을 잃었어요. 아버지는 산에 몇 마리 양을 기르시는데, 그게 우리 생활 수단이에요. 그 날 밤에 아버지는 양을 세어보다가 한 마리가 없어진 걸 알고, 저한테 그 양을 찾아오라고 하셨어요."

"저런, 너는 이 작은 오두막집 목탄 불의 온기 속에 있다가 갑자기 차가운 산바람을 맞았구나."

"맞아요! 땅은 눈에 덮이고 바람이 세차게 불었어요. 그래도 나는 상관하지 않고, 그저 아버지의 양을 찾느라고 정신이 없었어요."

"그래서 그 양을 찾았니?" 나는 점점 흥미를 느끼고 물었습니다.

"그럼요. 나는 멀고 힘든 길을 갔어요. 양을 찾을 때까지 쉬지 않고 갔어요."

"그런데 양을 어떻게 집까지 데려왔니? 그것도 역시 큰 문제였을 텐데 말이야. 양이 고분고분 따라왔니?"

"천만에요! 나는 그 녀석을 믿을 수 없었어요. 게다가 녀석은 녹초가 될 정도로 지쳤지요. 그래서 그 녀석을 어깨에 짊어지고 집으로 돌아왔어요."

"네가 양을 데리고 왔을 때, 온 가족이 너를 보고 기뻐했겠구나."

"그렇고 말고요! 다음 날 아침, 아버지와 어머니 그리고 양을 잃어버린 것을 알고 있는 동네 사람들이 모두 양의 소식을 알려고 몰려 왔어요. 양이 없어지면 이웃 사람들은 서로 크게 동정을 해요. 게다가 그들은 제가 밤새도록 들어오지 않는 것을 듣고 매우 걱정을 했어요. 나는 아침에 집에 도착했어요. 그리고 그 때문에 감기에 걸렸지요. 어머니는 내가 낫지 않을 것 같다는데, 하나님께서 가장 잘 아시겠지요. 어쨌든 나는 양을 구하려고 최선을 다했어요."

참으로 놀랍다는 생각을 했습니다. 여기 복음의 내용 전체가 있었습니다. 양을 잃어버렸고, 아버지는 양을 찾아오라고 아들을 보냈습니다. 아들은 기꺼이 가서, 아무 불평 없이 고통을 당하고, 그리고 결국 자기 생명을 희생하여 양을 찾았습니다. 그리고 양을 찾아 어깨에 메고 와서 이웃과 친구들과 함께 잃었다가 다시 찾은 양으로 인해 기뻐합니다. 나의 기도는 이렇게 응답되었고, 나의 길이 평탄하게 되었으며, 하나님의 은혜로 나는 복음을 시작할 수 있는 길을 열게 되었습니다.

나는 이 죽어가는 불쌍한 소년 자신이 들려준 꾸밈없고 애정 어린 이야기를 사용하여 그에게 하나님의 구원계획에 대해 설명해주었습니다. 그리고 그에게 길 잃은 양을 위한 목자의 마음이 아름답게 표현된 누가복음 15장을 읽어주었습니다. 그러자 그는 즉시 자신의 경험과 그 말씀이 비슷하다는 사실을 깨달았습니다. 그리고 내가 그에게 그 비유의 자세한 의미를 설명하는 동안 깊은 관심을 가지고 나를 잘 따라와 주었습니다.

주님께서는 자비롭게 그의 이해력뿐만 아니라 그의 마음도 여셔서 말하는 내용을 받아들이게 하셨습니다. 그 자신이 잃어버린 양이고, 그리스도 예수는 하나님 아버지께서 자신을 찾기 위해, 또한 그와 같은 다른 사람들을 찾기 위해 땅으로 내려 오신 좋은 목자이셨습니다. 그리고 그 불쌍한 소년이 불평하지 않고 차가운 눈보라와 살을 에이는 듯한 바람을 견딘 것 같이, 구세주께서는 죄인들의 격렬한 반대와 증오에 찬 경멸과 모욕을 한 마디의 불평 없이 입을 다물고 견디셨으며, 마지막에는 자신의 귀한 생명까지 내어놓으심으로 우리를 멸망으로부터 구원해주시고 또 영원한 집으로 안전하게 인도해주셨습니다. 주님께서도 사랑하는 사람들을 구원하실 때, 그들이 위험한 길을 홀로 가는 것이 위험하기 때문에, 그들을 어깨에 메고 기쁨으로 하늘의 양 우리로 데려 오셨던 것입니다.

불쌍하고 병든 소년은 이 모든 진리를 다 흡수하는 것처럼 보였습니다. 그는 이 모든 복음의 내용을 받아들였습니다. 그는 복음을 온전히 이해했습니다. 나는 성령께서 이 소년에게 역사하신 것처럼, 능력으로 하나님의 말씀을 적용시키시는 증거의 역사를 본 적이 없었습니다.

그 소년은 우리의 첫 만남 이후 며칠을 더 살았습니다. 그에게는 성경의 다른 부분을 읽어주고 해석해줄 시간이 없었습니다. 어떤 때는 호흡을 하기 힘들어 헐떡이는 소리와 가슴을 들썩이는 기침밖에 들을 수 없었고, 가끔씩 그는 혼수상태에 빠지기도 했습니다. 그러나 생각하고 들을 수 있을 때, 언제나 그는 누가복음 15장의 구절들에 의해 영적인 만족과 기운을 얻었습니다. 그는 그리스도를 구세주로 영접하였고, 길 잃은 양과 같이 하늘의 목자의 팔에 안기어 하늘에 있는 집으로 돌아가기를 간절히 기도했습니다. 그는 겸손하고, 평화롭게, 매우 기뻐하는 모습으로, 나의 구주 나의 목자 되신 예수님의 이름을 마지막으로 부르면서 세상을 떠났습니다.

"인자의 온 것은 잃어버린 자를 찾아 구원하려 함이니라." (눅 19:10)

## 부록 7.
## J N 다비와 J H 뉴먼 비교

존 넬슨 다비와 존 헨리 뉴먼의 젊은 시절을 비교해보면 흥미로운 점이 많이 있다. 그들의 삶은 1825년을 기점으로 달라진다.

JND는 1800년 11월에 출생했다.
JHN은 1801년 2월에 출생했다.

JND는 더블린에 있는 트리트티 대학에 입학했다.
JHN은 옥스퍼드에 있는 트리니티 대학에 입학했다.

JND는 1819년 11월 9일, 링컨스 인Lincoln's Inn에 등록했다.
JHN은 1819년 11월 19일에 동일한 링컨스 인Lincoln's Inn에 등록했다.

JND는 1825년 부제deacon 서품을 받았다.
JHN은 1825년 사제priest 서품을 받았다.

# 참고문헌

Anonymous. *A brief account of the life and labours of the late W. J. Lowe*, C. A. Hammond, London, 1927.

Cross, E N. *The Irish Saint and Scholar, a biography of William Kelly*, Chapter Two, London, 2004.

Cuendet, F. *Souvenez-vous de vos conducteurs*, Editions Bibles et Traites Chretiens, Veyey, Switzerland, 1966.

Early, E. *The last days of J. N. D.*, 2nd Editions, Christchurch, New Zealand, 1925.

Freeman Attwood, M. *Leap Castel. A Place and Its People*, Michael Freeman, Norwich, 2001.

Huebner, R. *John Nelson Darby: Precious Truths Revived and Defended*, Present Truth Publishers, Jackson, N J second edition, augmented 2004.

Kelly, W. *John Nelson Darby as I knew him*, Words of Truth, Belfast, 1986.

Noel, N. *The History of the Brethren*, vols 1 and 2, W. F. Knapp(editor), Chapter Two, London, 2005.

Scott, W. *John Nelson Darby, A Memorial*, London, 2nd Edn.

Stoney, J B. *Letters of J B Stoney, Volume 1*, Kingston bible Trust, Lancing, n.d.

Trench, J A. MS notes, Workington, England, 4 May 1882.
Turner, W G. *John Nelson Darby*, Chapter Two, London, 1986.
Wallace, F. *Spiritual Songsters*, Chapter Two, London, 2000.
Weremchuk, M S. *John Nelson Darby und die Anfange einer Bewegung*, CLV, Bielefeld, Germany, 1988.
Wolston, C. article *'The second of May 1882,'* from Words of Faith magazine, 1882.

Sibthorpe/Darby Collection : 이 CD는 나의 집을 거쳐 네덜란드로 보내졌다. 지금은 John Rylands University Library, CBA, Manchester에 보관중이다. 그래엄 존슨Graham Johnson은 나에게 많은 도움을 주었고, 유용한 자료를 참고할 수 있도록 해주었다. 이에 감사를 드린다.

website : www.mybrethren.org : 이 사이트는 인터넷에서 자료를 검색하는 것 외에도 많은 정보를 제공해주었다.

## 형제들의 집 도서 안내

1. 조지 뮐러 영성의 비밀
   조지 뮐러 지음/이종수 옮김/값 1,000원
2. 수백만을 감동시킨 사람을 감동시킨 바로 그 사람: 헨리 무어하우스
   존 A. 비올리 지음/이종수 옮김/값 1,000원
3. 내 영혼의 만족의 노래
   W.T.P 월스톤지음/이종수 옮김/값 1,000원
4. 모든 일을 하나님의 영광을 위하여 하라
   해리 아이언사이드지음/이종수 옮김/값 1,000원
5. 잃어버린 영혼을 위해서 어떻게 기도해야 하는가
   오스왈드 샌더스, 찰스 스펄전 지음/이종수 옮김/값 1,000원
6. 윌리암 켈리의 로마서 복음의 진수
   윌리암 켈리 지음/이종수 옮김/값 5,000원
7. 이것이 거듭남이다(개정판)
   알프레드 깁스 지음/이종수 옮김/값 9,000원
8. 존 넬슨 다비의 영성있는 복음
   존 넬슨 다비 지음/이종수 옮김/값 5,000원
9. 로버트 클리버 채프만의 사랑의 영성
   로버트 C. 채프만 지음/이종수 옮김/값 5,000원
10. 영성을 깊게 하는 레위기 묵상
    C.H. 매킨토시 외 지음/이종수 옮김/값 5,000원
11. 존 넬슨 다비의 성경주석: 빌립보서
    존 넬슨 다비 지음/이종수 옮김/값 5,000원
12. 존 넬슨 다비의 히브리서 묵상(개정판)
    존 넬슨 다비 지음/정병은 옮김/값 11,000원
13. 조지 커팅의 영적 자유
    조지 커팅 지음/이종수 옮김/값 4,000원
14. 윌리암 켈리의 해방의 체험
    윌리암 켈리 지음/이종수 옮김/값 3,000원
15. 존 넬슨 다비의 성경주석: 골로새서(개정판)
    존 넬슨 다비 지음/이종수 옮김/값 8,000원
16. 구원 얻는 기도
    이종수 지음/값 5,000원
17. 영혼의 성화
    프랭크 빈포드 호올 지음/이종수 옮김/값 1,000원
18. 당신은 진짜 거듭났는가?
    아더 핑크 지음/박선희 옮김/값 4,500원
19. C.H. 매킨토시의 완전한 구원(개정판)
    C.H. 매킨토시 지음/이종수 옮김/값 5,500원
20. 존 넬슨 다비의 하나님의 뜻을 분별하는 법
    존 넬슨 다비 지음/이종수 옮김/값 1,000원
21. 존 넬슨 다비의 성경주석: 요한계시록
    존 넬슨 다비 지음/이종수 옮김/값 10,000원
22. 주 안에 거하라
    해밀턴 스미스, 허드슨 테일러 지음/이종수 옮김/ 값 1,000원

23. C.H. 매킨토시의 하나님의 선물
    C.H. 매킨토시 지음/이종수 옮김/값 4,000원
24. 존 넬슨 다비의 성경주석: 에베소서
    존 넬슨 다비 지음/이종수 옮김/값 8,000원
25. 존 넬슨 다비의 영적 해방
    존 넬슨 다비 지음/문영권 옮김/값 7,000원
26. 건강하고 행복한 그리스도인이 되는 법
    어거스트 반 린, J. 드와이트 펜테코스트 지음/ 값 1,000원
27. 존 넬슨 다비의 성경주석: 로마서
    존 넬슨 다비 지음/문영권 옮김/값 12,000원
28. 존 넬슨 다비의 성화의 길
    존 넬슨 다비 지음/이종수 옮김/값 4,500원
29. 기독교 신앙에 회의적인 사랑하는 나의 친구에게
    로버트 A. 래이드로 지음/박선회 옮김/값 5,000원
30. 이수원 선교사 이야기
    더글라스 나이스웬더 지음/이종수 옮김/값 5,000원
31. 체험을 위한 성령의 내주, 그리고 충만
    조지 커팅 지음/이종수 옮김/값 4,500원
32. 존 넬슨 다비의 성경주석: 갈라디아서
    존 넬슨 다비 지음/이종수 옮김/값 4,800원
33. 존 넬슨 다비의 성경주석: 요한서신서 · 유다서
    존 넬슨 다비 지음/문영권 옮김/값 8,000원
34. 존 넬슨 다비의 성경주석: 데살로니가전 · 후서
    존 넬슨 다비 지음/이종수 옮김/값 8,000원
35. 그리스도와의 연합과 구원(성경공부교재)
    문영권 지음/값 2,500원
36. 그리스도와의 연합과 성화(성경공부교재)
    문영권 지음/값 3,000원
37. 사도라 불린 영적 거장들
    이종수 지음/값 7,000원
38. 당신은 진짜 하나님을 신뢰하는가(개정판)
    조지 풀러 지음/이종수 옮김/값 5,500원
39. 그리스도와 연합된 천상적 교회가 가진 영광스러운 교회의 소망
    존 넬슨 다비 지음/ 문영권 옮김/ 값 13,000원
40. 가나안 영적 전쟁과 하나님의 전신갑주
    존 넬슨 다비 지음/ 이종수 옮김/ 값 2,000원
41. 죄 사함, 칭의 그리고 성화의 진리
    고든 헨리 해이호우 지음/ 이종수 옮김/ 값 2,000원
42. 하나님을 찾는 지성인, 이것이 궁금하다!
    김종만 지음/ 값 10,000원
43. 이것이 그리스도의 심판대이다
    이종수 엮음/ 값 8,000원
44. 존 넬슨 다비의 성경주석: 마태복음
    존 넬슨 다비 지음/이종수 옮김/값 16,000원

45. C.H. 매킨토시의 하나님에 관한 진실
C.H. 매킨토시 지음/이종수 옮김/값 1,000원
46. 존 넬슨 다비의 성경주석: 여호수아
존 넬슨 다비 지음/문영권 옮김/값 8,000원
47. 찰스 스탠리의 당신의 남편은 누구인가
찰스 스탠리 지음/이종수 옮김/값 4,000원
48. 존 넬슨 다비의 성령론
존 넬슨 다비 지음/이종수 옮김/값 13,000원
49. 존 넬슨 다비의 영적 해방의 실제
존 넬슨 다비 지음/이종수 옮김/값 5,000원
50. 존 넬슨 다비의 주요사상연구: 다비와 친구되기
문영권 지음/값 5,000원
51. 존 넬슨 다비의 죽음 이후 영혼의 상태
존 넬슨 다비 지음/이종수 옮김/값 5,000원
52. 신학자 존 넬슨 다비 평전
이종수 지음/ 값 7,000원
53. 존 넬슨 다비의 요한복음 묵상
존 넬슨 다비 지음/이종수 옮김/값 8,000원
54. 프레드릭 W. 그랜트의 영적 해방이란 무엇인가
프레드릭 W. 그랜트 지음/이종수 옮김/값 4,500원
55. 홍해와 요단강을 통해서 나타난 하나님의 구원
윌리암 켈리 지음/ 이종수 옮김/값 4,800원
56. 그리스도와의 연합을 위한 성령의 역사
윌리암 켈리 지음/ 이종수 옮김/ 값 19,000원
57. 누가, 그리스도인인가?
시드니 롱 제이콥 지음/ 박영민 옮김/ 값 7,000원
58. 선교사가 결코 쓰지 않은 편지
프레드릭 L. 코신 지음 / 이종수 옮김/ 값 9,000원
59. 사랑의 영성으로 성자의 삶을 살다간 로버트 채프만
프랭크 홈즈 지음 / 이종수 옮김/ 값 8,500원
60. 므비보셋, 룻, 그리고 욥 이야기
찰스 스탠리 지음 / 이종수 옮김/ 값 7,500원
61. 구원의 근본 진리
에드워드 데넷 지음 / 이종수 옮김/ 값 6,500원
62. 회복된 진리, 6+1
에드워드 데넷 지음 / 이종수 옮김/ 값 6,000원
63. 당신의 상상보다 더 큰 구원
프랭크 빈포드 호올 지음/ 이종수 옮김/ 값 6,500원
64. 뿌리 깊은 영성의 그리스도인으로 사는 법
찰스 앤드류 코우츠 지음 / 이종수 옮김/ 값 9,000원
65. 천국의 비밀 : 천국, 하나님 나라, 그리고 교회의 차이
프레드릭 W. 그랜트 & 아달펠트 P. 세실 지음/이종수 옮김/ 값 7,000원
66. 존 넬슨 다비의 성경주석: 베드로전 · 후서
존 넬슨 다비 지음/장세학 옮김/ 값 7,500원

67. 존 넬슨 다비의 영광스러운 구원  
　　　　　　　　　　　　　　　존 넬슨 다비 지음/이종수 엮음/ 값 15,000원
68. 어린양의 신부  
　　　　　　　　W.T.P. 윌스톤 & 해밀턴 스미스 지음/ 박선희 옮김/ 값 10,000원
69. 성경에서 말하는 회심  
　　　　　　　　　　　　　　　　C.H. 매킨토시 지음/ 이종수 옮김/ 값 6,000원
70. 십자가에서 천년통치에 이르는 그리스도의 길  
　　　　　　　　　　　　　　　　존 R. 칼드웰 지음/ 이종수 옮김/ 값 7,500원
71. 그리스도와의 연합이란 무엇인가?  
　　　　　　　　　　　　　　에드워드 데넷 지음/ 이종수 옮김/ 값 9,000원
72. 하늘의 부르심 vs. 교회의 부르심  
　　　　　　　　　　　　　　존 기포드 벨렛 지음/ 이종수 옮김/ 값 16,000원
73. 당신은 진짜 새로운 피조물인가  
　　　　　　　　　　　　　존 넬슨 다비 외 지음/ 이종수 옮김/ 값 12,000원
74. 플리머스 형제단 이야기  
　　　　　　　　　　　　　　　앤드류 밀러 지음/ 이종수 옮김/ 값 14,000원
75. 바울의 복음, 그리스도의 영광의 복음  
　　　　　　　　　　　　　　존 기포드 벨렛 지음/ 이종수 옮김/ 값 9,000원
76. 악과 고통, 그리고 시련의 문제  
　　　　　　　　　　　　　　　　　　　　　　이종수 지음/ 값 9,000원
77. 요한계시록 일곱 교회를 향한 예언 메시지  
　　　　　　　　　　　　　　　존 넬슨 다비 지음/이종수 옮김/ 값 18,000원
78. 영광스러운 구원, 어떻게 받는가  
　　　　　　　　　　　　　　　존 넬슨 다비 지음/이종수 옮김/ 값 13,000원
79. 영광스러운 교회의 길  
　　　　　　　　　　　　　　　존 넬슨 다비 지음/이종수 엮음/ 값 22,000원
80. 성경을 아는 지식  
　　　　　　　　　　　　　　　존 넬슨 다비 지음/이종수 엮음/ 값 18,500원
81. 십자가의 도  
　　　　　　　　　　　　　　　존 넬슨 다비 지음/이종수 엮음/ 값 13,500원
82. 존 넬슨 다비의 성경주석: 고린도전후서  
　　　　　　　　　　　　　　　존 넬슨 다비 지음/ 이종수 옮김/ 값 18,500원
83. 존 넬슨 다비의 성경주석: 사도행전  
　　　　　　　　　　　　　　　존 넬슨 다비 지음/ 이종수 옮김/ 값 17,000원
84. 그리스도와의 연합을 위한 사도 바울의 기도  
　　　　　　　　　　　　　　　존 넬슨 다비 지음/ 이종수 엮음/ 값 10,000원
85. 빌라델비아 교회의 길  
　　　　　　　　　　　　　　　해밀턴 스미스 지음/ 이종수 옮김/ 값 10,000원
86. 무명한 자 같으나 유명한 존 넬슨 다비 전기  
　　　　　　　　　　　　윌리암 터너, 에드윈 크로스 지음/ 이종수 옮김/ 값 12,000원
87. 성경의 핵심용어 해설  
　　　　　　　　　　　　　데이빗 구딩, 존 레녹스 지음/ 허성훈 옮김/ 값 9,000원

*Unknown and Well Known*, a biography of John Nelson Darby
compiled from reliable sources chiefly by W G Turner,
edited and revised by E N Cross
Copyright©Chapter Two, London 2006
www.chaptertwobooks.org.uk

Korean translation copyright
ⓒ 2017 by Brethren House, Korea
All rights reserved

무명한 자 같으나 유명한
존 넬슨 다비 傳記
ⓒ형제들의 집 2017

초판 발행 • 2017.9.22
지은이 • 윌리암 터너, 에드윈 크로스
옮긴이 • 이 종 수
발행처 • 형제들의집
판권ⓒ형제들의집 2017
등록 제 7-313호(2006.2.6)
Cell. 010-9317-9103
홈페이지 http://brethrenhouse.co.kr
카페 cafe.daum.net/BrethrenHouse
ISBN 978-89-93141-93-1 03230

＊값은 뒤표지에 있습니다.
＊잘못된 책은 바꿔드립니다.
＊서점공급처는〈생명의말씀사〉입니다. 전화(02) 3159-7979(영업부)